I0129985

自闭症手册

一名特殊教育导师所提供的简单易懂信息、心得、观点、以及故事。

杰克·乔治(特殊教育硕士) 着

刘威彤 译

#1 Book Publishers

British Columbia, Canada

The Autism Handbook: Easy to Understand Information, Insight, Perspectives and Case Studies from a Special Education Teacher (Simplified Chinese)

Copyright ©2012 by Jack E. George
ISBN-13 978-1-927360-16-3
First Edition

Library and Archives Canada Cataloguing in Publication

George, Jack E., 1946-

Zi bi zheng shou che: yi ming te chu jiao yu dao shi ... / Jieke Qiaozhi zhu ; Liu Wei Tong yi.

Translation of: The autism handbook.

Chinese title romanized in Pin-yin.

ISBN 978-1-927360-16-3

Also available in electronic format.

1. Autism--Popular works. 2. Autistic children-- Education--United States--Case studies.

3. George, Jack E., 1946-. I. Liu, Weitong II. Title.

RJ506.A9G4612 2012 618.92'85882 C2012-900429-4

Also available in English and Spanish language editions:

The Autism Handbook – ISBN 978-1-926585-50-5

El Manual del Autismo – ISBN 978-1-926585-51-2

Original English editing by: Robbie Walker Okamoto

Cover design by: Sabrina Sumsion (www.premierbookreviews.com)

Formatting and layout by: CCB Publishing (www.ccbpublishing.com)

Extreme care has been taken to ensure that all information presented in this book is accurate and up to date at the time of publishing. Neither the author nor the publisher can be held responsible for any errors or omissions. Additionally, neither is any liability assumed for damages resulting from the use of the information contained herein.

All rights reserved. No part of this publication may be reproduced, stored in a retrieval system or transmitted in any form or by any means, electronic, mechanical, photocopying, recording or otherwise without the express written permission of the author, except in the case of brief quotations embodied in critical articles and reviews. For other permission requests, please contact the author. Printed in the United States of America, the United Kingdom and Australia.

Publisher: #1 Book Publishers, British Columbia, Canada

这本书将献给我亲爱的母亲、父亲、以及姊姊 ｜ 愿他们都能够安息。

还有，这本书也将献给我亲爱的姑姑佛尔达·使奈德格莱斯·乔治(Verda Snodgrass George)。在过去的二十九年当中，她如同我的另一名母亲。今年她正刚好能够庆祝她的九十五岁大寿。

给每天出门改善世界的国际扶轮社社员们，你们的口号：「超我服务」将继续描述你们的品格。世界各地有一百二十万人正在美日实行这个口号的涵义，你们将继续试着消灭小儿麻痹、帮助救灾、以及解读自闭症的奥秘，其后是我个人最大的期望。

这本书是献给所有照顾自闭症患者的父母们、亲戚们、朋友们、看护人员们、以及所有患有我们称为自闭症这种奇症的患者们。

目录

前言

身为一名特殊教育老师 我并不号称我能够了解或者治疗任何症状 我反而认为任何号称有这种能力的老师是很可疑的。每个小孩都不一样，有些孩子会学的比其它快，有些孩子对某种教学方式有较佳的反应，更有些孩子需要指定老师的帮忙。

从小到大 我记得治疗癌症的新方法总是陆陆续续的出现。不管是新的药品或手术 我总是纳闷的问自己：「一百年前癌症是怎么处理的？当时有癌症这回事吗？当时的医生是怎么称呼和治疗这种疾病的？」我会常常问自己这些问题因为我并不相信自闭症（Autism）是最近才发现的。

一九○○年代早期 大部分的特殊教育学生都被类别为“弱智” 这个动作似乎默默的否认自闭症的存在。情绪不稳的学生则被视为「问题学生」 而许多年前，如《为什么钱宁看不懂书》（*Why Johnny Cant Read*）中描述，诵读困难（Dyslexia）的学生总是被误认为只是读书有问题。

我认为自闭症和它所有的谱系障碍一直都存在着，只是最近我们才开始给它新的标签。我愿意跟任何人赌，在未来几年当中社会将制造出许多自闭症的次级障碍。但是如果我们不尽所能去寻找这一群学生并且教他们一技之长，这些标签将失去它原先的意图。

因此，我很有自信的介绍这本《自闭症手册》（*The Autism Handbook*）。这本书仔细描述我在加州的红木城（Redwood City，California）为圣马刁县（San Mateo County）教育部教书时的经验和得知。这段时间我一边教书，一边在圣母院书院．那慕尔就学争取我的特殊教育硕士。我在这段读书期间认识了许多其它学校的特殊教育人才，在彼此分享经验与心得之后，我们都成长了许多。

在我们继续之前，你们必须了解我的学院专门辅导圣马刁县里最严重的学习障碍儿童。虽然大部分的学生是自闭症儿童，偶尔也有一些正常的学生不小心被放到我的教室里。圣马刁县里每个学区都有独立的特殊教育设施，在学生成为问题或无法进步的情况下，这些学区将会通知圣马刁县教育部并且将那名学生转到县立的特殊学校。这些县立的学校无法帮助的学生则会被送到我的教室里，在一间位于帕洛斯弗迪斯（Palos Verdes）的特殊教育学院。

我在帕洛斯弗迪斯辅导从幼儿园到八年级的学生，我最多曾有过十一名学生，最少八名，而且许多学生都有个人的辅导专业人员。有时候我的教室里会有多达八名辅导专业人员，加上一般老师、学生、桌子、椅子和其它用品，我的教室会因此而非常拥挤。许多人认为由于我的学生不多，教室拥挤是一件非常不可思议的事，但是相信我，在某些时候教室里真的是人山人海。

更令人不可思议的是，即使有这么多辅导人员看管，我们的学生还是能够造成许多困难与麻烦。当某位辅导人员请假并且没有告知替代人员时，我们偶尔得因此更改当天的教学计划来应对。虽然对自闭症孩子来说，更改计划会造成学习上的问题，但是为了学生们的安全起见，变换当日的散步行程、重新配对散步同伴、或选择新的散步路线等等修正都是必要的调整。如果我们真的很缺老师，我们得重新分配多余的学生给出席的辅导人员。对于一般没有和自闭症儿童接触过的人来说，这一些小型的转换看起来并不困难，不过对于自闭症的儿童来说，任何日程安排上的调整总是会导致他们无法了解或适应。因此，这些日子总是比一般的日子还要困难。

就职于帕洛斯弗迪斯的工作人员都接受专门帮助自闭症儿童的相关训练，我们全部都经过北卡罗来纳州的 TEACCH 训练。我们学过应用行为分析、图片交换沟通系统、和其它相关的技能。除此之外，圣马刁县也常常赞助我们去参加其它的训练活动。

我这本书中所提到的六位学生是我在帕洛斯弗迪斯工作许多年当中辅导的几位学生，为了保护他们的身分，他们的名字已经被更改。

这本书有三个目的：第一，提共一个简单、基本的方法介绍自闭症。第二，我希望所有自闭症儿童的父母可以和其中一名学生的经验共鸣，并且了解他们自己的孩子并不是全世界唯一会「做这些事」或「有这种行为」的孩子。第三，我希望每一个读者都可以学会在不同的情况下怎么对待孩子、怎么顺利瓦解不利的情形、和怎么矫正不当的行为，这本书是奉献给这世界里所有卓越的读者和相信自己孩子的非凡父母们。

第一章 葛瑞格 我和自闭症的首次接触

一九七二年秋季，我在故乡莫德斯托建立了一所私人家教中心。起先的几个月我非常认真地发展我的生意，我会亲自接见所有报名的学生并且在面试过程中决定我是否可以满足每个小孩的需求。有一天，一名妇女打电话要求我帮助他的儿子，我们在几句话之后决定安排面试。

面试当天，葛瑞格（Greg）和他的母亲准时抵达我的办公室。他母亲是一位打扮的非常正式的中年妇女，由于身为职业医师的先生因工作而无法出席，她一进门便连忙解释并且替他道歉。六呎高的葛瑞格则在一旁看着我，他似乎坐立不安，也一言不语。不久之后，母亲便告诉我关于他们家的背景，他们全家住在这附近较富有的舍伍德森林区（Sherwood Forest），而且葛瑞格是一名独生子。

葛瑞格则在一旁走来走去，注意力完全无法集中，母亲在注意到我仔细观察葛瑞格的言行举止时狠狠的瞪了他一眼，如同命令他「守规矩点！」葛瑞格不理会他母亲的暗示并且继续在办公室里徘徊，眼睛紧盯着地板上。母亲便在这时介绍了我们俩。突然间，这十七、八岁的男孩用双手紧紧地抓住了我的右手，他开始用力地甩动我的右手并且同时大声呼喊：「杰克乔治（Jack George）！杰克乔治！」他满脸笑容，似乎非常兴奋！

他母亲马上命令他坐下，但是他并不理会母亲的劝导。葛瑞格开始往办公室里放糖果的桌子走去。葛瑞格很快速地吞了一颗糖果，然后眼睛紧盯着缓缓飘落到地上的包装纸。母亲在这时开始责骂他并且命令他马上捡起地上的包装纸，但是葛瑞格不但不理会母亲的责骂，他反而吞了另一颗糖果。见到此况，母亲连忙道歉并且不好意思地牵着葛瑞格到附近的沙发坐下。她坐在葛瑞格旁边，紧紧地握着他的手臂，在他试着站起来时轻轻地把他拉回沙发上。从这一刻起到面试结束之前，葛瑞格便一直不高兴地发出无法理解的声音抗议。

在这面试当中，葛瑞格的母亲跟我说他有一点「慢」。她的话语当中暗示着葛瑞格可能有智慧障碍，但是她从头到尾都没有用那几个字形容他。对她来讲，「慢」则已经是葛瑞格智能最差的可能性，而在那时我则完全相信她的讲解。

在这面试之后，我非常仔细地分析葛瑞格的情况，并且深深地思考我是否能够帮助他。由于我对帮助智慧障碍儿童的经验十分有限，虽然我很想帮助葛瑞格，但是我心里的一部分并不认为我具备所有需要帮助智慧障碍儿童的训练和条件。我最后决定打电话给葛瑞格的母亲并且很直接地告诉她：我并不知道我是否能够帮助葛瑞格。她告诉我她仍然希望我辅导葛瑞格，而且我的疑虑并不令她担忧。（几个月后，我发现她原先的目的其实是让葛瑞格有一些教育和接触人群的机会。）

我们就如此的开始了……

我依然记得：虽然课前我做了许多准备，但是第一次和葛瑞格上课时我仍然准备不够。他一进门便不停的拍手并且大声呼喊：「杰克乔治！杰克乔治！」他的表情和他第一次与我握手时一模一样，满脸笑容、非常兴奋。

虽然我现在知道葛瑞格叫我的名字可能没有任何意义，但是在当时，我把他奇特的行为当作是他记得我，也非常高兴再次看到我的表现。至于这个行为的意义对葛瑞格自己而言，全世界只有他知道。

在葛瑞格抵达时，教室里已经有许多其它的学生。其中一名学生似乎觉得他的言行举止非常有趣，另一名学生则有点害怕。第三位学生则开始偷偷地笑起来并且问我：「那个男孩有什么问题？」这是一个非常好的问题，一个我当时并没有办法给予答复的问题。（在好几年的教导、学习、和理解之后，如今我能很有信心的回答那个问题。）

我请葛瑞格找一张椅子坐下，他则迅速地选择了我对面的一张椅子。接下来的堂课当中，他总是不停的跳起、坐下、和拍手大喊：「杰克乔治！杰克乔治！」我试着利用不同的教学方式使他专心，但是不管我怎么试，我总是无法将他的注意力集中。

终于，我拿出我的秘密武器「配对游戏」并且将其中几张印着不同图片的卡片递给葛瑞格。转眼之间，他突然安静了下来，眼睛非常仔细地分析每一张卡片。在我慢慢的解释这个游戏怎么玩时，葛瑞格突然开始很兴奋地站了起来，脸上出现一种似乎无法控制的笑容，他的手也开始疯狂的拍动。在我们继续玩着这个游戏和扑克牌时，时间很快地流逝。转眼之间课堂便已经结束了。

如果当时我知道自闭症的意思；如果当时我知道怎么辅导自闭症儿童；如果我知道要怎么把葛瑞格从甲点带到乙点 或这两个地点之间的任何一个地方 这一切就不会这么困难了。

那天晚上我打了一通电话给葛瑞格的母亲。在当天的经验之后 我心里知道我并没有办法给予葛瑞格他所需要的帮助，他在我的班上只是浪费时间和他母亲的钱而已。我向她解释今天在教室里发生的状况并且告知她葛瑞格并没有学习到任何东西。她的口气突显了他心里的不满，但是她不满的原因并不是我所认为的原因。她告诉我钱并不是问题，她希望我可以帮助葛瑞格认识他们家庭之外的人。她知道她儿子的社交能力很迟钝，所以她希望他能够和其它小孩一起互动。她认为这个社交的过程与其它任何的教育一样的重要。这句话我永远都不会忘记。我在那一通电话之后便决定继续辅导葛瑞格。

现在回想当初 母亲的想法一点都没错 我需要到许多年之后才会了解母亲话中智能的价值 而事到

如今我仍然会不时地想起她所说的话。我也时常默默地回想许多葛瑞格所做过的事，如果当初我有受过适当的训练，我们的课程一定会简单许多。

事后的几个月，我仍然会仔细地观察母亲是如何照亮葛瑞格的世界，如何将日常生活转化成一种冒险。打个比方，她有一段时间正在教葛瑞格怎么使用公共运输设施。每天下午她总会带着葛瑞格到附近的公车站牌，把几个硬币放到他的手中并且温柔地鼓励他上车时自己缴车费。葛瑞格总是坐在同一个车位上（当然，当那个座位上坐着一位陌生人时，葛瑞格则会制造许多困扰……）当他们的公交车路过许多地标时，她总是会点出路过的超级市场、电影院、消防局……等等。当他们接近目的地时，她会请葛瑞格注意观察她怎么让驾驶知道他们要下车。有时候为了让葛瑞格经历这个过程，她会握着葛瑞格的手去拉下车的绳索。（许多年之后我才发现这个手拉手的动作其实是许多教学的基础）直到有一天，葛瑞格在接近目标时开始自己伸手去拉那条绳子。过了几天，葛瑞格便第一次试着自己搭公交车。

虽然她已经尽可能地训练葛瑞格该如何搭公交车，葛瑞格的母亲还是默默地告诉我，她在那个礼拜里还是十分紧张，她甚至去买了一条刻有他的名字、地址、和电话号码的项链给他。因为怕葛瑞格出事，她更开车一路跟着葛瑞格所搭的公交车去市中心。但是在葛瑞格下车之后，她便决定放手让他自己去探索。回家以后，葛瑞格的母亲紧张地等待着葛瑞格平安回家。而在几个小时后，葛瑞格则平安地返回家中，更厉害的是，葛瑞格在之后自己出门时都非常成功。

但是葛瑞格的自由还是有造成许多的困扰。有一次，他母亲接到一通电话告诉她葛瑞格试着从附近的玩具店里偷一组「配对游戏」。她和我便很快地推理出这件事情发生的原因，葛瑞格因为非常喜欢当时在我教室里玩「配对游戏」时的经验，所以他自己也想要拥有一组。但是他并不知道从玩具店里拿走一组游戏的动作是偷窃的行为，与我从书架上取得一组游戏的动作完全不一样。几天之后，葛瑞格又在另一家商店里偷拿了一副扑克牌，我认为他的行为再次和他上课时的经验有关，我也很好奇他对这些玩具到底有什么感觉。

有一天葛瑞格面无表情地走进我教室，似乎有点不对劲，我注意到他这一次并没有拍手大叫我的名字，而且不管我怎么试着让他放轻松，他仍然十分僵硬。我伸手将「配对游戏」从书架上拿下来，葛瑞格则转头注视别的地方。我开始发牌时，他突然非常生气的用手拍打桌上的纸牌并且将那些纸牌丢到地上，接下来的一整堂课都是这个表现。当葛瑞格的母亲来接他时，我私底下告诉他今天葛瑞格的表现，她一点也不表示惊讶或担心，因为葛瑞格下车时已经非常不高兴。原来，葛瑞格试着从家里带一个他非常喜欢的玻璃球（里面有雪花并且在摇晃时像在下雪的那种玻璃球纪念品）来上课，她母亲发现时便马上没收他的玻璃球，不允许他带来上课。我认为葛瑞格整堂课都在想他的玻璃球，担心他的玻璃球放在车上可能会发生什么事。但是后来想想，他因该只是觉得那个玻璃球非常奇妙而想要随时拥有它。如同这个玻璃球，葛瑞格可以注视某些物品一整天，有时甚至好几天的时间。

转眼之间，我和葛瑞格的最后一堂课很快就到了，葛瑞格的母亲打算在他十八岁生日时让他参加一个辅导智能障碍的小区服务组织。这个组织专门帮助智能障碍儿童学会一技之长（如教他们如何包装信件和打包同样的物品）。由于这个组织不只给予工作经验，他们也会发给所有员工一份薪水。对每一个员工来说，发薪水的日子都十分的有趣！

我并不知道葛瑞格是否有发觉当天是他最后一次和我上课，但是我心里觉得他可能认为这一堂课和其它的课程一模一样。我们依然重复的做了许多动作，他仍然大声地呼叫我的名字、握我的手、和试着坐在椅子上直到他母亲来带他回家。他母亲在课堂后给葛瑞格一个小礼物，并且请他拿去给我。葛瑞格面带微笑地伸出他的左手，将礼物拿给我并且最后一次大喊：「杰克乔治！杰克乔治！」当他们母子俩离开我的家教中心之后，我心里感觉有点难过，因为我知道葛瑞格并不会再回到这里来上我的课。

事到如今，我仍然使用许多与葛瑞格上课时学到的技巧。我和他偶尔也会在街上遇到。像有一次我在附近的杂货店里遇到葛瑞格和他的母亲，当我在和他母亲聊天时，葛瑞格装作他并不认识我。但是，突然间，葛瑞格便开始大叫：「杰克乔治！杰克乔治！」看着他快乐地拍着手，我便知道他还记得我。不知不觉当中，葛瑞格便悄悄地带我踏进自闭症的世界。

第二章 启程 自闭症是什么？

自闭症是什么？

如果你问一百个人这个问题，你将会有一百个不同的答复。大部分的专家和父母都会同意自闭症是一种非常复杂的智慧发展障碍。自闭症专门影响非常幼小的儿童，据观察而言，自闭症大多只会影响一到三岁的婴儿。虽然有些政府机构认为自闭症是天生的，也有些人认为自闭症是两岁半前的儿童在出生后得到的，他们都能一致同意自闭症的受害者大多都是幼小、无辜、又无助的婴儿。自闭症是一种头脑发展异常的疾病。由于自闭症会影响头脑的正常运作与发展，自闭症能够在生活上造成许多烦恼，除此之外，自闭症儿童的发展速度以及学会的技能也会与一般儿童不同。

以现在的科技，自闭症是一辈子无法矫正的发展障碍。患有自闭症的儿童一般来说都会对这个世界有不同的看法、听法、和感觉。由于一般的沟通管道时常无济于事，专家们必须利用不一样的沟通方式才能有效地与自闭症儿童们沟通 这其中一种方式是利用图片交换沟通系统 以几百张不同的图案来沟通，例如：一个儿童可以将一张画有马桶的卡片拿给看护人员 这样那名看护人员就会知道他需要去上厕所。

另外一种常用的沟通方式是鹦鹉式仿说（Echolalia） ，在这种沟通方式当中 ，儿童们会在听到一个字、一个词组或一句话之后重复地朗诵同一段话 。我有一个学生每周都会重复念不同的字或词组 ，但是不管当周的字词是什么 ，他总是会记得说：「我爱你！我爱你！我爱你！」他会用手去抓一个大人的下巴，试着把那个人的脸转来面对着他 然后一直重复地说：「我爱你！」他的眼睛通常都会注视着对方的侧脸，只有在少数几次会话当中 ，我才有看到他把眼神集中在对方的脸上 。虽然这句话一直都跟着他 ，其它的句子总是来去匆匆 ，周一学会的字词可能在周四就被取代了 。

自闭症是一种广泛性发展障碍（Pervasive Developmental Disorders） 除了自闭症以外 另外四种障碍分别为亚斯伯格症候群（Asperger Syndrome） 、儿童期崩解症（Childhood Disintegrative Disorder） 雷特氏症（Rett，s Syndrome） 以及待分类广泛性发展障碍（Pervasive Development

Disorders Not Otherwise Specified）。

亚斯伯格症候群的儿童有类似自闭症的症状，但是当他们的智商与一般正常儿童的智商差不多，甚至有些患者拥有超越一般儿童的智商。

儿童期崩解症非常罕见，新生儿的罹患率大约为十万分之一。罹患儿童期崩解症的婴儿起初会有正常的发展，但是在大约两岁到十岁之间，他会突然失去许多已经学会的技能，其中包括：社交以及语言的能力，严重时患者甚至会失去控制膀胱的能力。

雷特氏症是X染色体异常所引发的障碍，因此大多的患者都是女性。雷特氏症也是一种非常罕见的障碍，女婴儿的罹患率大约为一万分之一，其症状包括一般广泛性发展障碍的症状以及机能方面的问题（走路、用手、手脚协调……等问题）。

待分类广泛性发展障碍的患者会有一些沟通和玩耍方面的问题，虽然如此，由于他们的社交能力退化较轻微，他们并不算是自闭症患者。虽然他们并不具备自闭症所需的条件，他们些许的障碍足以让他们进入广泛性发展障碍的分类当中 。

这只是一个非常简略的介绍，我将会在第六章「各式各样的自闭症次等症候群」中讨论这五种广泛性发展障碍的次等障碍 。

历史方面，李奥．肯纳博士（Leo Kanner）在1943 年发表他的广泛性发展障碍研究，汉斯．亚斯伯格博士（Dr. Hans Asperger）也在大约同一个时期发表他对轻微自闭症的研究 （今日的亚斯伯格症） 。从那一天起，当专家们经研究而更加了解自闭症时，当复杂并且不完全符合自闭症或亚斯伯格症的症状浮现时，专家们便为这些新的研究创立了新的分类，因此另外三种障碍的分类便逐渐地被加入广泛性发展障碍的分类当中 。这个新的分类帮助专家们更仔细地了解这些奇症，也帮助拥有这些不同障碍的儿童了解他们的不同 。

虽然专家们仍然会使用广泛性发展障碍这个名称来形容这些障碍，但是如今我们比较常听见的名称却是自闭症谱系障碍（Autism Spectrum Disorders） 。虽然时常被当作同义词来用，这两种分类所包含的障碍其实并不一样，广泛性发展障碍是指包括自闭症在内的五种障碍，然而自闭症谱系障碍指的却只有自闭症、亚斯伯格症候群和待分类广泛性发展障碍。自闭症谱系障碍之所以被形容为一个「光谱」是因为它包含一群拥有相同症状的障碍，并且依孩子们迟缓的严重性将他们分类到光谱上不同的地方，有一点类似一台汽车的油表，在最左边是最轻微的自闭症，当油标开始往右爬动，孩子的自闭症则会越来越严重，被自闭症影响最严重的儿童会在光谱的最右边，这些儿童的生活已经长期地被自闭症所严重影响。

所以：自闭症是什么？简单来说，自闭症是一种会负面影响沟通与社交能力的发展障碍。

早期历史

虽然自闭症在一九四三年才被正式承认为一种发展障碍，瑞士的布鲁勒博士（Dr. Eugen Bleuler）早在一九一一年就已经创造出自闭症这个词。自闭症英文Autism是取自希腊字autos，其字代表自己或逃离现实的意思，这是为了显示自闭症患者以自我为中心的特征。布鲁勒是在注意到有些精神分裂症（schizophrenia）病患会自行减少互动并且有沉思于自我的行为时才决定为这些病患创造一种新的分类：自闭症。

一九四三年，肯纳博士在刊物撰稿《神经不安的小孩》（*Nervous Child*）中发表一篇名为《情感接触的自闭障碍》（“Autistic Disturbance of Affective Contact”）的医学研究报告。在这篇报告当中，肯纳博士估计自闭症的罹患频率大约为一万分之一。在他的观察当中，他的观察组里并没有任何一名学生是有智能障碍的，而且肯纳也有将自闭症儿童与一般智能障碍儿童做出明确的区别。在这个过程当中，肯纳发现有些患有智慧障碍的儿童也会显示出自闭症的症状，有些则不会。肯纳从此观察当中推测：自闭症与智能障碍可能有所重迭。除此之外，研究组当中的儿童都有接受特殊教育辅导，这种辅导的教学方式注重缓慢学习以及严格的管教。在那个时候，大多数的专家们都认为自闭症是一种会影响脑细胞的自我免疫系统或退化性疾病。

一九四四年，亚斯伯格博士在辅导一群儿童之后写了一些文章描述有自闭倾向的精神病患者，他所描述的儿童非常类似肯纳博士所辅导的学生，只是亚斯博格博士有另外注意到这群儿童的机动能力发展似乎比不上其它学生，他们的动作也比其它学生还要粗俗与笨拙。

亚斯伯格的文章中所观察的两百名儿童与家庭，除了没有严重的语言迟缓以外，与肯纳的报告当中所形容的儿童非常相似。亚斯伯格的文章原本是用德文写的，在四十五年之后才终于翻译成英文，有些专家们仍然认为这四十五年的迟缓延误了我们对自闭症的了解四十五年。

在这段期间，普遍接受的心理学理论让政府能够将些许的自闭症儿童从他们父母家中迁移至寄养中心，这种治疗方法并没有成功，所有的自闭症儿童在事后仍然患有自闭症。接下来，有些心理学家认为自闭症是因为孩子错过某个心理阶层所造成的，因此他们试着将自闭症儿童暴露于他们认为孩子所错过的心理阶层。据说这种治疗法有一些成功的例子，但是由于他们并没有解释到底如何才算是成功，我们也因此无法确认。

一名澳洲的艺术历史学家 布鲁诺．贝多亥博士（Dr. Bruno Bettelheim）认为自闭症并不是一种精神疾病 他反而认为自闭症是母亲不关心儿女所造成的感情失调。他把责任全部堆在儿童们的母亲身上，说自闭症是她们对子女冷漠的态度所造成的 因此他便将这些母亲称为所谓的「冰箱母亲」。如今 贝多亥的可信度与学位都十分的可疑，但是在当时，这个错误的理论将占据许多研究资源，正确的研究也因此遭到延误。

除此之外 贝多亥未经证实的理论污损了所有自闭症儿童母亲们的名誉。事到如今 许多父母们仍然认为儿女的自闭症是自己所造成的 他们认为他们没有使用正确的饮食习惯 没有使用正确的管教方法、没有给予儿女足够的注意力、或没有做一个正确的榜样等等错误。有时，父母们所感觉到的内疚是生活当中最重的一个负荷。

我们现在了解 在一九○○早期之前 自闭症并没有正式的诊断 因此需多人都被错误的诊断为其它疾病，问题儿童一般都被认为是患有儿童精神分裂症或其它精神疾病。自从自闭症被正式承认之后 没有任何一份可靠的研究曾经指出自闭症是环境的心理因素所造成的，没有人能够证明错误的教养方式、对子女的冷漠、或任何人事上的疏忽会造成自闭症。

如今，许多研究人员正夜以继日地研究自闭症，虽然有些研究人员已经试着寻找治疗自闭症的方法许多年了，我们现在仍然没有任何的结果。教育与辅导能够改善自闭症儿童的症状，就算无法将自闭症痊愈，这个方法可以给予自闭症儿童们一个更好的生活。患有自闭症的人能够改变他自己，但是他永远都会有自闭症，从这个角度看来，自闭症其实非常类似糖尿病，糖尿病患者可以每天注射胰岛素、注意饮食健康、并且常常运动，糖尿病的症状也会因此减缓或消失，但是他就算没有任何的症状，他仍然患有糖尿病，在未来的某一天，糖尿病的症状（昏睡、失明、失去手脚等等…）仍然有可能会出现。自闭症也是同样的情形，患者有可能可以将一种行为从生活当中移除，但是在未来的某一天，那个行为将会无预警地返回。

最近当越来越多的儿童被诊断为自闭症患者，越来越多的父母也开始声称他们的自闭症儿女已经奇迹似地痊愈。身为一名专家，我非常希望他们所说的话是事实，但是专家们都一致同意：就像科学仍然无法断定自闭症的起因，如今科学仍然没有治疗自闭症的方法。我认为谎称一名儿童没有自闭症是给予父母虚假的希望，我宁愿鼓励家长们面对现实并且了解孩子进步的可能性。我并不是说未来的研究不会发现任何治疗自闭症的方法，我也并不是说所有声称孩子痊愈的父母都是在说谎，我只是认为从专家的角度而言，告诉家长们自闭症是可以治疗的症状只会给他们虚假的期待。

目前的情形

贝多亥博士所发表的理论的确将自闭症研究往后推了许多年，幸好，在一九六〇年代中期，许多科学家开始质疑他的理论。

博纳．吕蓝博士（Bernard Rimland）的儿子患有自闭症，他们的家庭医师并不认为是吕蓝或他妻子对儿子的行为所造成的。由于吕蓝非常反对贝多亥所建议的「冰箱母亲」理论，他将所有的精力集中在证明自闭症是由生理失调而引起的。一九六四年，他发行了《婴儿自闭症—症候群及其与行为的神经理论的关联》（*Infantile Autism: The Syndrome and Its Implications for a Neural Theory of Behavior.*），这本书便开始改变我们对自闭症的观感。

了解自闭症的社会运动在一九七〇年代传到瑞典，当地的艾利卡基金会（Erica Foundation）便开始对精神不稳的儿童进行教育与辅导的活动，现代特殊教育班级的基础就是在一九七〇年代的瑞典研发的，虽然如此，这些班级仍然持续地搞混自闭症与精神病。

如今，全世界都有学者在研究自闭症的奥妙，当这些研究渐渐引进更有效的教学课程与家庭辅导方式，患有自闭症的儿童便渐渐地能够得到更好的服务，这些改善的服务便能够慢慢地开始控制所有的自闭症症状，不管多严重。

所以现在我们在二十一世纪最初十年的末期，医学界仍然没有找到肯定会引发自闭症的因素，但是我们有找到一些可能的因素。医学界仍然没有任何治疗自闭症的方法，但是我们却有许多能够改善自闭症儿童生活的方法。肯纳当时所发表的自闭症发生频率——一万分之二——在二十一世纪初已经普遍到一百六十六分之一的频率，而如今在美国，大概每一百五十名婴儿中就会有一名患有自闭症，每五名自闭症儿童当中有四名是男生。虽然造成如此大幅增长的一部分原因是由于自闭症的定义比以前广泛，许多儿童也只有轻型的自闭症，但是无法否认的是，患有自闭症的儿童正逐年增加。

具医学界所知，幼小的儿童拥有某种特征，因此他们才会是自闭症的唯一目标，他们认为这个特征只会在生命最初的几年当中出现，有些人认为疫苗是自闭症的起因，另一些人认为自闭症是病毒引发的、更有一群人相信环境会造成自闭症。当研究继续探索自闭症的秘密时，我相信未来的某一天医学界一定会发现自闭症到底是什么因素所造成的。

自闭症未来会有疗程吗？这个问题需要等到我们确认自闭症的起因之后才可以回答，如今我们只知道早期诊断非常重要，早期诊断能够让儿童们尽早接受妥当的服务与辅导。我们必须保持乐观，我们也必须持续关心正在进行的研究以便更加了解自闭症。

自闭症的征兆

有些儿童的自闭症非常早就诊断出来了，其它的儿童有可能要等许多年才会被发现。早期的诊断非常重要因为早期的诊断能够给予更多的时间与帮助，因此孩子的未来会更有希望成功。

父母一般来说都会有一种感觉使他们认为儿女与一般的儿童有些许不同。自从自闭症正式被命名之后，它便被无尽地观察、诊断、鉴定、与研究，虽然如此，我们仍然无法解释为什么在两名相似的儿童当中，其中一位会患有自闭症而另一位则没事。如今我们诊断自闭症的方法仍然限制于观察社交、行为、与语言方面的异常。

社交方面的问题是一般父母们能够注意到的征兆，当他们的儿女没有开始做其它同龄儿童所做的事时，父母们很快就会发觉不对劲，例如：你的婴儿可能会抵抗你对他的亲密，他会在你试着拥抱或亲吻他的时候抵抗或毫无反应、他不会在你呼喊他的名字时有所反应、他总是不理会你的命令、或他宁愿自己一个人也不愿意与家人互动。在我教导自闭症儿童的许多年期间，最常见的社交问题则是婴儿的眼神问题，注视谈话对象的双眼是我们出生时便学会的基本能力，但是自闭症儿童时常无法四目交接。以上任何的症状不一定代表你的儿女患有自闭症，只有职业医师才能确定你的小孩是否有自闭症，但是如果你认为你的儿女有些许异常，而且他也开始有以上描述的行为，你应该尽早带他去给执业医师检查。

行为异常则是自闭症的另外一个前兆，自闭症儿童会常常坐立难安，对他来讲，长期停留在一个地点（例如安静地坐在椅子上）是一件非常困难的事。自闭症儿童也会反复地做一些的动作，例如拍手或垂打自己。当自闭症的儿童对一个物品产生兴趣时，他会想要随时都拥有那个物品，孩子与物品似乎会产生某种联系，这可能是一颗气球或一个装有轮胎的卡车玩具。

自闭症儿童常常会创造一个他所熟悉的日常行程，他会在这个行程没有被如期执行时开始发脾气，行程与熟悉的感觉对自闭症儿童来说非常重要。如果你有需要改变孩子的日常行程，你必须准备好处理善后。最后，自闭症儿童可能会对强光、噪音、大群团体、和陌生的地方等有极差的反应，相对的，他也有可能无法感觉到他兄弟姐妹们所能感受的身体疼痛，因此他可能会不停地撞击头部、拉扯眼皮、或尝试其它不同的自残动作。

这当中我最头痛的学生是十一岁的巴比因为它总是不停地拔他的牙齿（我会在第五章中里讨论）当他在教室里的时候，我们都会给他蜡笔、黏土、和其它物品以便转移他的注意力，藉此避免他攻击他的牙齿。由于巴比和他的祖父母一起住，我在注意到他的行为时便马上通知他们。他的祖父并不理会我的担忧，他认为巴比只是在掉乳牙，没有什么好担心的，即使我试着告诉他巴比前天所拔的牙齿并不是乳牙，他仍然不理会我的忧虑。无可奈何，我通知我们学校的心理学家，他通知我们的教职人员，并且教导他们该如何纠正巴比的行为，虽然如此，在一个礼拜的时间当中，他成功的移除了三颗牙齿。幸好，这个习惯一段时间后就不见了（他在我教室里剩余的时间都没有再开始拔他的牙齿），巴比便开始激烈的使用黑色蜡笔画图，每张图里的人都会有某种血腥的意外。

语言能力迟缓对父母来讲是非常无法接受的事实，因为自闭症儿童可能会学会如何讲话，沟通，甚至对话，但是某一天他会突然完全忘记，那个孩子会有一段时间不说话，有时甚至一辈子再也不开口，另外一名孩子则可能永远学不会如何讲别人听的懂的话，也有一些儿童可以学回一个字或词组并且重复的朗诵（鹦鹉式覆述症），这个词组可能是从录音或电视中取得的。父母可能会在听到孩子开口而感到高兴，但是对孩子来说那段词组可能对孩子来说没有任何的意思，只是一段可以重复的词组罢了。

自闭症儿童通常有迟缓的语言能力，他可能在其它小孩开始讲话之后一段时间才会开始出声，我们可能认为他的话语并不正常，他也有可能只会哼哼想法、唱出言论、或无起伏地说话等等，这些都是自闭症儿童常见的症状。

异常的社交能力，行为，和语言能力并不代表你的孩子一定有自闭症，但是如果你有任何的怀疑，那就是带孩子去检查的正当理由。自闭症必须由一名职业医师诊断，这个诊断当然越早越好，千万不可以耽搁。不要制造任何的理由，不要否定事实的存在，你越晚开始面对事实，孩子则越晚拿到改善生活所需的服务与辅导。

第三章 杰莉 超级女孩的力量

九岁的杰莉（Cheri）是在我第一天带领一班自闭症儿童时与我相见的，她是一名又高又瘦的黑人女孩，他的笑容十分迷人，过去三年当中，她都在隔壁的教室里上课。

杰莉的父母非常爱护他们的孩子，已经成年的长子仍然住在家里，另一名也患有自闭症的女儿则在帕洛斯弗迪斯学区（Palos Verdes）的学校上学。由此可见，杰莉与她的姊姊并不一样，她的行为常常造成教职人员的烦恼，因此父母们决定把她安置在一个团体家庭。

当她来到我的教室时，最初的一个小时当中我便听到照顾她的辅导人员大声叫她的名字。我立刻放下我手边的工作并且站了起来，我看见杰莉在教室里到处奔跑：裸体的奔跑。原来，当她的辅导人员试着劝她冷静坐下时，杰莉便把她身上所有的衣服都脱了，在我们还来得及反应之前，杰莉便一口气冲出教室的后门。幸好，后门外面的院子的周围被一个铁篱笆围住，但是她在看到这个情形之后便冲入隔壁的教室。

我羞愧极了！我并不知道该如何管教这个女孩，当我从后门踏进隔壁的教室时，杰莉已经从前门离开了。当我气喘呼呼地赶到前门时，杰莉很冷静的站在她的辅导人员身旁。蕾拉纳．柏阔尔（Leilani Parquer）是一个老练的辅导人员，在抓到杰莉之后，柏阔尔便递给她一张在游泳池上画有红色叉叉的图示卡。在看到这张卡片之后，杰莉便马上了解现在并不是去游泳的时候，柏阔尔递给杰莉另一张图卡请她去把衣服穿上，杰莉便乖乖走回到教室里将衣服穿上。这并不是杰莉第一次在教室里裸奔，在学期初这种事情似乎天天都在发生。

柠檬树

不久之后，杰莉开始有了一个新的习惯，每天走出校车之后，她总会跑去学校的柠檬树摘取一颗柠檬，在观查几天之后，我们便发现她并不在乎柠檬是未成熟的绿色或已成熟的黄色，她只在乎那个摘取的动作。在注意到这个行为之后，杰莉之前的老师试着上前去阻止她，但是这位老师的动作反而添了麻烦，杰莉开始坐在地上大哭大闹，不断地用头去撞击右膝盖。见到此况，我马上请其中一位助教去拿一个枕头来避免他受伤，我知道现在唯一能做的事就只有试着减少她对自己所造成的伤害，这是因为不管旁观的人怎么劝，杰莉会闹到她自己决定停止为止。当助教带着枕头回到现场时，我把枕头绑在杰莉的膝盖上，试着利用枕头缓冲膝盖的撞击。

如我所料，附近班级的学生们都对杰莉的哭闹感到好奇，在场老师们都花了不少时间才慢慢地将旁观的学生带回教室里，我也指示助教带我们班的学生回教室，我则决定留在杰莉身边。我坐了下来，并开始慢慢地哼起一首她熟悉的曲子，渐渐地，杰莉也开始跟着我一起哼，自残的动作大约在十五分钟之后停止。突然间，杰莉跳了起来，笑嘻嘻地跑回教室里。

放学之后，杰莉以前的老师来到我的教室找我讨论这个“柠檬树”事件，她说我们不能允许杰莉每天摘柠檬，因此他想建议给我一些处罚杰莉的方法，我告诉他我非常感谢她的关心，我会仔细考虑她的建议。虽然如此，我心想这个问题并非她想象中的那么简单，我非常了解她的关心，但是我认为处罚无济于事，曾经辅导过杰莉三年的她也应该非常清楚：杰莉的行为几乎无法控制。

隔天，我重新分配了班上的工作人员，我决定亲自辅导杰莉。当校车抵达时，我在门口等着杰莉下车，我在她踏出校车外时便伸手拿了一颗柠檬给她，她很高兴地接受了我递给她的柠檬，并且开开心心地往教室走去。

我在事后跑去请教学校的心理学家，由于我心里知道给杰莉柠檬的动作类似贿赂，我想听听他是否认为我的行为正确。心理学家表示：他认为杰莉的哭闹能够影响校园里所有的人，因此为了考虑到其它的学生和老师，这种行为是可以通融的，但是他也说他并不认为这是一个迎接学习的好方法。得到了他的默许之后，我决定继续我的计划。

几天后，早上飘着丝丝细雨，杰莉下车后不顾助教的指示，再次往柠檬树跑去。看到这个行为，我非常失望，但是我了解她当天的需求可能与其它日子不同。我跟她到柠檬树去，紧紧地抓住他的手并且试着牵她回到教室去，他非常用力地反抗，伸手将树上一颗柠檬塞到嘴巴里，然后自己跑回教室里。我回头一看，注意到杰莉之前的老师正从她的教室里观察，她狠狠地瞪着我，我心里也知道她已经开始注意我的一举一动了。

我知道杰莉无法预测的行为只会继续的恶化，因此我决定与所有教职员讨论该如何处理，有其中一位助教发表了一个非常好的建议，他说我们因该更改杰莉从校车到教室的路线，与其让杰莉走前门看到左边的柠檬树，不如带杰莉走后门让他从教室后方的庭院进入教室。杰莉会因此看到后院里的绳球，她非常喜欢后院里的绳球，她尤其喜欢去碰那颗绳球、抱那颗绳球、和拉那颗绳球，我们都认为她只是有触碰东西的渴望，所以理论上，触碰绳球就能够满足她的需求。

这个对策十分的成功。

但是即使如此，剩下的学期当中，我们仍然常常继续和杰莉进行「柠檬战争」。有时有几天、甚至几周的时间他会对柠檬树或手中的柠檬感到无趣，但是突然间，她又会开始跑去柠檬树偷摘柠檬。由此可见，像杰莉这样的小孩，不同的行为模式总是来去匆匆，有些行为会离开很长的一段时间，然后在你最意想不到的时候重现。相对的，也有些行为永远都不会再出现。

灵敏的反应

在我的教室里待的三年期间，杰莉成长了许多。虽然她的食量非常的不可思议，但是不管吃了多少食物，她总是又高又瘦。杰莉无法满足的食欲的确造成了许多问题，如果一名助教把一罐饮料放在桌上，杰莉会闪电般把它喝掉。我曾经咬了一口巧克力，手还拿着巧克力，转眼间巧克力就跑到杰莉的口中。她的速度并非夸示！在我回神之前，她已经成功夺走我手上的巧克力并且将其吞噬！

杰莉这种抢夺食物的习惯常常造成点心与午餐时间上的困扰，由于这个问题十分的严重，我和其它的教师决定一起来寻找应付这种行为的对策。其中一位助教认为让杰莉坐在位子上吃饭能够避免她影响其它同学，我十分反对这个主意因为这个方法会将杰莉隔离，避免她与其它的助教及儿童互动。另一个人建议我们让杰莉早一点吃饭，当其它学生在吃饭时，我们可以让杰莉去庭院里玩。我也不是非常喜欢这个主意，虽然它的确能够解决我们所面临的问题，但是这种方法并不会教导杰莉如何与其它学生相处。我们在会议末决定每天请一名助教在点心与午餐时间坐在杰莉旁边，避免她影响其它人

不出如我所料，杰莉非常讨厌助教们的近距离接触，虽然杰莉不是很喜欢其中的几位助教，我们仍然让助教们轮流注意杰莉的行为。在我们仔细地监控之下，杰莉抢食物的问题都大多解决了，虽然如此，杰莉还是有几次成功下手，在我们能阻止她之前就一口气把偷来的食物给吞了。

图片卡

由于杰莉不喜欢用语言沟通，因此我们都试着用图片卡与她沟通，当她试着去拿别人的食物时，我们都会拿一张写着“不可以”的图片卡给她，并且试着在她把手中的食物吃掉之前，把食物放回原位。(这成功的机率非常低 :)

杰莉拿食物的行为与其它行为一样都会换来换去，我们只有办法控制许多自闭症儿童们行为所造成的困难，但是我们时常无法更改他们的行为。

杰莉一般来说都非常喜欢她的作业，但是当她面临一份新的作业时，她常常会感觉到挫折，然后开始闹脾气。一开始，我和其它的助教都会跟随TEACCH的程序，我们会将她的作业依缴交的顺序排在她的桌上。在不久之后，我们发现这种顺序排法总是事倍功半，当杰莉感觉烦恼时，我们发现给她旧的功课会比较有效（新的功课总是可以拿来当作明天的旧功课 :)）。虽然他很容易气馁，当杰莉学会如何完成一项功课时，她的工作效率非常高。为了配合杰莉的特殊学习方式，我和助教们都会准备一堆旧作业（以便复习）、一堆最近教的习题（以便熟练）、和一项新的功课。杰莉似乎能够接受这种调整，即使如此，她还是会试着用手将新的作业辉开，她只喜欢专心写她想要写的作业。

每天我们学校的工作人员都会带学生们去附近的小区散步，有一些学生非常喜欢这个经验，但是也有一些学生不喜欢出门。我认为这个出去走走的经验是特殊教育中非常重要的一部分，这是因为孩子们可以藉这个机会去看看外面的世界并且与社会衔接。每周我们都会选一天带学生们去附近的快餐店用餐，每周当我拿一张画着快餐的图卡给杰莉时，她总是会非常高兴地露出笑容。

当学期末接近时，我依照往常招集了所有的学生，走出校门，并且前往快餐餐厅，我和助教们都无法预期学生们会如何表现。当我们进入一个餐厅时，服务人员总是非常亲切，但是其它顾客会不时地看着我们，似乎不知道发生了什么事。虽然有时我们会有几位和蔼可亲的顾客来到我们的桌子与学生们亲切地打招呼，这种事并不常发生。

带学生们去餐厅吃饭是让他们有一个体验社会的机会，每个礼拜我们都会习惯坐在餐厅里的同一个地方，对于过动的学生们，助教们都有负责坐在他们旁边直到食物上桌。

有一天当我们进入餐厅时，洒密尔（Samir）突然冲进餐厅，伸手抢走一个客人的汉堡，并且在任何人还来得及反应之前一口气把汉堡吞了（我将于第十一章里讨论洒密尔的故事）。那位顾客当然十分惊讶，但是在理解情况之后，他原谅了洒密尔。哼利．李奥（Henry De Leon）是我们当中最有经验的辅导人员，在洒密尔出事之后，他马上上前向这名顾客道歉并且保证我们会再给他买一个新的汉堡。这种事情不只发生一次…

我们也会有学生在餐厅里大哭大闹的情况，由于我们常常无法了解那名学生到底想要什么，好奇的顾客们也总是在一旁议论纷纷，这种情形总是非常麻烦。总而言之，我们在餐厅里的经验总是一些奇特而且无法预料的经验。

哭闹的儿童

有一天，杰莉突然反对离开我们常光顾的快餐餐厅，当我们使尽吃奶的力气终于把她带到外面之后，我请一名助教带她走回学校。在最后一个进入学校的转弯之前，杰莉突然在路旁坐了下来，她开始大哭大闹，不管我们怎么劝她都不愿意起来。由于班上其它学生已经开始有点不安，我请身边的助教们先带他们回教室，只留我一个人在杰莉身旁。

这整个过程简直就是一个恶梦，杰莉躺在地上，两脚踢着天空，手臂到处甩动，并且不停地大哭大闹。我从我随身携带的急救箱中拿出一卷纱布，准备在杰莉开始撞头时用它阻止。杰莉的哭闹并没有减缓或停止，附近也有许多车子停下来旁观。我心里知道有许多驾驶一定认为我正在伤害杰莉，但是没有任何人停下车来阻止我，有些人摇下车窗问我需不需要帮忙，我很快地谢绝了他们的好心。每台经过的车子都会减缓速度，好让车子内的乘客仔细的瞧个究竟。这整个过程简直是一场恶梦，没有人能够正确的了解当时正在发生的情形，而我也无法解释，杰莉的哭闹过程比我想象中还要久。

最后，我忍不住打了一通电话回教室请我手边另一位非常杰出的助教，玛莉莎．本内特（Maricel Bennett）带任何可以安抚杰莉的东西回到现场，几分钟后她便来到我身边。玛莉莎是一名语气温柔的年轻菲律宾女孩，她跪在杰莉身边并且开始温柔的按摩着杰莉的背。几分钟的之后，杰莉突然笑嘻嘻地跳了起来。在这件事落幕之后我感觉全身如释重负，我也非常感激玛莉莎的协助。

接近学期末时，杰莉的行为举止便开始越变越差，有时甚至到吓人的地步。我们教职员最头痛的哭闹每天都会上演至少一次，有时甚至二、三次。很快地，许多助教们便纷纷开始拜托我不要指派他们去一对一辅导杰莉，在个时候杰莉已经强壮到需要二、三个人才能制服。

有许多天我都有用录像影机来把杰莉闹脾气的过程录下来，我想一般人一定非常难想象杰莉哭闹的严重性，我希望这些影片可以让他们了解这个过程有多可怕。能够冷静杰莉的方法越来越少，过往有效的辅导方法也越来越常失败。

无计可施的情况下，我安排了一个会议并且集中了我们学校里所有重要教职人员和其它教室的专业辅导人员。我想利用这个机会让学校的高层看到我的录像并且了解我教室里的情况，如果她的行为持续的恶化，我担心杰莉可能会发生事情，我也认为事到如今学校的干部仍然没有给我适当的支持与协助来矫正杰莉的行为。虽然我对杰莉已经无能为力，我依然认为杰莉的行为是我所造成的。

在看完我所录的影片之后，高层们决定安排让学校的职业心理学家到我们的教室观察杰莉的哭闹。心理学家越观察杰莉的哭闹，她越无法解释杰莉的行为，我们所试过的建议都如杯水车薪，完全无效。有一次心理学家甚至亲自来到我的教室来尝试她的理论，几分钟之后，她仍然无法安抚杰莉或减缓她哭闹的严重程度。

学校的高层终于在第二次会议之后决定对杰莉采取五一五〇动作（五一五〇动作是加州的社会福利法案当中的一项法条，当一位精神病患能够造成自己或身旁的人危险时，我们的校园可以用五一五〇动作请附近的警察局带着消防队和救护车来观察并且决定该如何处理校园里的问题。事发当天，由于她在哭闹时大力的把她的头撞到地上而造成额头上许多的瘀青，警察们决定杰莉应该坐救护车去医院观察。

在医院释放杰莉之后，她的情绪和行为仍然持续的恶化，我也开始越来越担心她和学生们的安全。我也继续向我的经理和学校的心理学家诉说我的不安。在学期结束的前几天，学校的干部决定杰莉的行为已经威胁到她自己和身旁周遭所有人的安全，因此她不能够在这学校继续读书。她被暂时迁到一个团体家庭，那里随时都有一个私人家教照顾杰莉，最终她被一所专门辅导这种学生的私人学校录取。

身为一个老师，这整个磨练是一个非常大的挫折，尤其当我目睹她三年之间所有的长进之后，看到她的结局仍然是如此的悲哀的确让我十分失望……这美丽、坚强、又决然的少女病患有非常严重的自闭症，有时我仍然会很好奇的问我自己，是否有一个人可以发现并且理解杰莉的世界。

第四章 幕后的病因 自闭症是什么造成的？

「自闭症是什么造成的？」

这个问题被问过了几百万次？

事到如今，我们仍然没有任何明确的答复。因此，所有接触过自闭症的父母、教师、研究人员、和工作人员都十分的苦恼。在一九〇〇年代早期公认自闭症之后，一九四〇年代开始有人仔细研究自闭症的病因，接下来的几十年则偶尔会有一些关于自闭症病因的研究。只有最近我们才开始将大量的资金、科学家、教授和研究人员分配去寻找自闭症的病因，他们都希望可以更加了解这障碍，以便帮助患者过一个快乐的生活。

过去的二十年当中，有许多理论试着解释自闭症的病因。虽然如此，由于许多的理论都还未被科学证明，我们仍然没有任何明确的答复。有些父母认为儿童疫苗会造成自闭症，虽然的确有研究显示免疫系统衰弱似乎和自闭症有关，如今我们仍然没有任何的根据可以证明自闭症是由儿童疫苗所造成的。另外有一些人认为自闭症是环境的毒素所引发的。最近的研究则发现自闭症儿童似乎有比较大的头脑。许多的学者同意自闭症是遗传的，但是他们无法明确地指定到底是哪些基因所造成的。更有一些父母开始更改他们自闭症儿女的饮食习惯，去除麸质和酪蛋白等，因为他们认为这些食物会使他们儿女的自闭症更加严重。

这当中所有人都能一致赞同的是自闭症并不是一项因素所造成的，它是一群不同因素所引发的。

在和自闭症儿童一起共处许多年之后，我能够亲身了解父母们的痛心，混乱，无力，和挫折。这些父母当中，许多都是全心全力地去照顾他们的儿女，因此愿意试任何的方法，更改饮食习惯，试试维他命、寻找其它非传统治疗法…等等，来治疗他们的心肝宝贝。虽然有时他们能够找到一些安慰，但是到最后他们的儿女仍然患有自闭症，因为事到如今医学界仍然没有任何可以治疗自闭症的方法，懂得自闭症的根源更是遥不可及。

让我们在这时探索一些专家们现在所进行的研究，并且了解他们到底是怎么和自闭症有关。

疫苗和自闭症

一九八八年，有一个研究报告显示儿童的麻疹、腮腺炎、德国麻疹混合疫苗（MMR）可能会造成自闭症，这是因为这些疫苗的防腐剂利用硫柳汞（Thiomersal）为基础。（硫柳汞是一种汞类的防腐剂，从一九三〇年之后便用于许多疫苗。硫柳汞里含有46.9%的乙基汞（ethyl mercury），在自然物质当中，汞是对人类第二危险的有害物质。）在这个报告公开之后，父母开始注意到儿女接受MMR疫苗之后便显示出类似自闭症的症状，因此，虽然医学界已经证明MMR疫苗与自闭症只是凑巧而并没有任何的因果关系，事到如今许多父母还是认为MMR疫苗会引发自闭症。这只是凑巧吗？还是MMR真的有可能会造成自闭症？仔细瞧瞧，非常少人知道这一九八八年的研究就只有观察十二名儿童，根本不足以做出任何的结论。

一年之后，美国食品药品监督管理局（Food and Drug Administration）在实验中没有找到任何证据证明儿童疫苗里所使用的硫柳汞的确会对人造成任何的伤害，但是，它也在报告里仍然建议从婴儿疫苗中移除硫柳汞。

二〇〇一年，医学证明硫柳汞，当防腐剂使用时，并不会伤害到年轻男女，但是，疫苗偶尔会造成注射处红肿。

二〇〇三年一月，最后一把儿童硫柳汞疫苗过期。另一群科学家再次于同一年研究硫柳汞疫苗和自闭症的因果关联，但是他们仍然无法证明硫柳汞会引发自闭症。除此之外，这次位于丹麦和瑞典的研究也发现虽然从年初就已经撤回所有剩余的硫柳汞疫苗，自闭症患者的数量仍然持续上升。

美国疾病控制与预防中心（Center for Disease Control）在二〇〇八年进行更多的研究。这个动作使我感觉十分纳闷，如果硫柳汞真的和自闭症没有任何的关联，为什么美国疾病控制与预防中心需要亲自来研究？这使我推测医学界还没有完全排除硫柳汞和自闭症可能的因果关系。这些研究将会继续进行，如今美国疾病控制与预防中心还是建议所有儿童接受两份MMR疫苗。

如果疫苗里没有硫柳汞成分，接受疫苗的儿童就一定不会有引发自闭症的危险吗？这个答案也是十分模糊。研究显示MMR和自闭症并没有任何的关连。英国在一九七九年和一九八八年之间研究了四百九十八名儿童，他们发现接受过MMR和未接受过MMR的两群儿童当中，自闭症的发生率完全相同。除此之外，他们也断定医生诊断自闭症的儿童年龄在这两群儿童当中也是一模一样。这个报告的结论是MMR疫苗十分有效，也不会造成自闭症。

美国医学协会（The Institute of Medicine）在二○○四年公开否认MMR疫苗与自闭症的关连，甚至含有硫柳汞的疫苗也不会引发自闭症。

丹佛时报在二○○八年三月报导：「如今，在五个不同的国家当中利用几百万名儿童进行十六次不同的独体研究之后，科学家们仍然无法证明疫苗或疫苗所使用的防腐剂，和自闭症有任何的因果关系。」

报纸继续表明：「这世界并没有比美国医学协会更明白的解释，疫苗并不会引发自闭症。」

在这一刻，我们还没有足够的根据足以回答这敏感的问题：「疫苗会造成自闭症吗？」如果我们回答「会」，成千上万的父母们便会开始避免他们的儿女接受疫苗，能够救人命的疫苗。另外一方面，如果我们回答「不会」，我们必须面对许多父母眼睁睁看着自己正常的儿童在接受疫苗之后开始显现自闭症的症状的情形。身为一名家长，您必须问您的医生他所用的疫苗是哪一种？疫苗里的防腐剂是什么？然后，私底下做研究并且做出最好的选择。

免疫系统与自闭症

许多年前有几位约翰霍普金斯大学医学系（John Hopkins Medicine in Baltimore）的科学家在发现患有自闭症的病人都有红肿的症状，但是，他们无法断定这个红肿到底是自闭症的症状还是起因。一年之后，加州大学戴维斯脑部研究所（UC Davis MIND Institute）的研究人员发现自闭症患者都会有将近一点二倍的B细胞（一种制造抗体的免疫细胞）和一点四倍的先天杀手细胞（一种攻击肿瘤和病毒细胞），到今天，研究仍然继续试着寻找任何自闭症与免疫系统之间可能的关系。

约翰霍普金斯大学小儿科在二〇〇八年二月的《神经免疫学期刊》中发表了另一份报告，其中写着：「自闭症儿童的母亲可能在怀孕时制造了许多能够伤害婴儿脑细胞的抗体，在这些抗体由脐带进入婴儿的身体而造成自闭症。」这个研究显现出另外一个免疫系统可能造成自闭症的原因，研究人员们写说：「更多的研究是必要的：为了明确的证明这些能够造成婴儿脑部伤害的抗体的确会由脐带进入婴儿体内而造成伤害。孕妇身体制造能够伤害婴儿脑部的抗体并不足以代表她一定会生一名患有自闭症的婴儿。」

十一名加州大学戴维斯医学中心的研究人员在另外一份报告当中解释基因如何影响儿童的血液，不管他们有无自闭症，他们发现所有的自闭症儿童都有相似的基因排列，其中他们发现后期自闭症患者们（十八个月之后才有症状）有将近五百个基因和一般自闭症患者开始于不同的地方。杰弗瑞．葛瑞格博士（其中一位研究人员）报告说：「这个研究发现可能代表这两种障碍其实完全不一样：也因此可能有完全不一样的病状。」

一名专门研究脑部的小儿科医生安德鲁．金模门博士（Dr. Andrew Zimmerman）报告说：「在二十年的研究之后，学者们已经发现自闭症儿童和正常的儿童拥有两种不同的免疫系统。有一群不同的研究显示百分之三十到七十的自闭症儿童有‘很明确异常’的免疫系统，包括过少的T细胞、异常的淋巴运作和过少的先天杀手细胞（Natural Killer Cells）。」这些特征都会让自闭症儿童比较容易生病。

非常不幸地与之前的结论类似，我们现在只能推测免疫系统可能和自闭症有关联。如今全世界有许多人正在研究自闭症与免疫系统的关连，虽然过去的研究已经产生了许多理论解释它们可能的关系，我们仍然没有一个明确的答案。在拥有明确的答案之前研究肯定会继续，并且在这研究的过程当中发现更多自闭症与免疫系统的关连。

周遭环境与自闭症

对于环境与自闭症的来源，许多人都会忽略环境这个因素的重要性。当我们讨论‘环境’时，我们一般都会想到我们呼吸的空气、空气里的污染、和杀虫剂等，能够影响个人健康的周遭因素。

我们所忽略的则是环境当中能够堆积的因素和它们与自闭症的关连。打算养儿育女的未来母亲们一定要在产前、产后都要仔细的研究并且关心周遭的环境因素。

我们可以将整个出生的环境分为产前、产期、和产后三个阶段，并且利用这个分类去了解环境和自闭症的关系。以下所有讨论的环境因素当中，只有少数研究支持它们是引发自闭症着主因，虽然如此，研究报导仍然建议这些环境因素可能会导致自闭症，我建议有打算生育的妇女们多去了解并且研究这些因素。

第一个分类，产前环境因素当中，生活压力是其中一种。每个人的生活当中都有一定程度的压力，怀孕当然只会增加生活上的压力。我们一般来说无法控制工作量、家庭合谐、肚子里孩子似乎不负责任的父亲、和生活上未知的状况，这些因素都会造成孕妇不必要的压力。

有一份测试白老鼠的报告显示超音破也有可能是一个环境因素 但是 如今并没有任何的科学证明表示超音波的确会引发自闭症 。孕妇可以利用有经验的医生和医疗中心来避免可能的危险 。

致畸胎原是一种不只会造成畸形胎儿的环境因素 ，它也有可能是造成自闭症的方法之一 。一般来说 ，致畸胎原都是在怀孕之后的八个礼拜当中造成伤害 ，有一些研究显示胎儿有接触到致畸胎原的危险如果他有母亲患有德国麻疹 。另外一方面 ，医学界仍然无法解释乙醇和自闭症的关系 。

杀虫剂也是在怀孕初的八个礼拜当中非常危险的环境因素 ，加州公共卫生局 （California Department of Public Health） 在二○○七年当中发现住在使用杀虫剂农场附近的妇女们怀有自闭症胎儿的可能性是一般妇女的许多倍 ，以农场的距离和喷药的频率断定儿童出生患有自闭症的可能性 。其它的产前环境因素可能包括叶酸 、母体的抗体 、和胎儿睪酮素 。

第二个分类 产期环境因素 是指一般从怀孕的第二十到二十八周开始并且在分娩后一到四周后结束 。有些人认为自闭症可能是过低的出生率 、孕期过长和过短 、和缺氧等等出生前后的困难所造成的 ，这些理论仍然需要更多研究。

另外一方面，抽烟也是在这个分类当中的一个因素。如今，社会越来越瞧不起抽烟的人尤其是抽烟的怀孕妇女。戒烟是打算怀孕生子的妇女们一定得做的事，这是一个未来母亲可以为未出生的儿女所做的一件有益的事，因为戒烟不只会避免自闭症，这个动作也会防止胎儿的其它发展困难。

第三个分类，产后环境因素，是这三种分类当中最有争议的类别。虽然如此受争议，相关的研究报告仍然屈指可数。产后的环境因素非常广泛，从疫苗、看电视、利用无线设备，到甚至过度的干净都是属于产后环境因素。当然，疫苗的牵涉仍然有许多专家继续在研究，但是其它产后环境理论的研究与分析则寥寥无几，没有任何的根据证明以上列出的因素与自闭症有关。这些因素也包括病毒感染、自我免疫异常、犬肠漏症（Leaking Gut Syndrome）、身体内氧化压力（Oxidative Stress）、维他命D短缺等等。这产后环境因素的研究还未发展超过初期的观察，可靠的研究仍然并不存在。这个分类时常是父母最担心的因素群，因此，更多仔细的研究、与家庭医师的讨论、和冷静的抉择是非常重要的，千万不可以依传闻做决定。

自闭症与大脑

由于自闭症儿童与一般儿童的头脑运作方法不一样，他们理解世界的方法也十分的不同。自闭症的儿童的头脑比一般儿童的头脑体积大百分之五到百分之十左右，这个特征有可能造成脑部重塑，对自闭症儿童而言，这个重塑的过程正是问题的所在地。大概百分之一的自闭症儿童的在第十六条染色体有一段可能会造成发展迟缓的DNA。另外，科学家们也有发现自闭症儿童脑部额叶与枕叶（大脑的社交中心）之间的通讯和一般儿童不同，这个特征能够造成他们无法了解其它人的想法与目的。

以上的四个例子只是四种自闭症与大脑之间有可能的关系，现在的研究仍然持续调查这些和其它可能的关连，大脑是自闭症研究当中最常见的领域。

不同的研究已经渐渐的发现脑部的哪一些部位会如何影响自闭症儿童的日常生活。对我来说，非常奇妙的一件事是不同的研究员都在脑部不同的微小区域进行许多的测试，这个过程当中，他们发现脑部不同的区域异常会造成不同的自闭症症状。如果脑区的异常真的会造成不同的困扰，那我们是不是能够轻而易举的推断出自闭症是头脑所造成的？还是这个解释实在太简单所以不值一提？

研究人员发现自闭症不只是会影响推论、社交、与沟通的能力，自闭症有可能影响整个头脑。合作精英研究组织（Collaborative Program of Excellence）发现自闭症的确会影响到脑部许多其它的功能（记忆、知觉、和行动等功能），他们的结论是自闭症儿童脑中不同的区域无法有效的一起完成任务。

现在的研究显示自闭症患者的头脑缺少许多功能，因此，科学家们认为自闭症是大脑无法有效整理并且分析信息所造成的障碍。

基因、遗传、与自闭症

有许多研究报告显示自闭症可能是遗传的，但是到目前为止，确定会导致自闭症的基因仍然屈指可数。

学者们认为一群有问题的基因或几个基因的突变自闭症最普遍的起因。

有史以来，寻找遗传与基因和自闭症的关连一直都有许多的研究，在我们继续讨论这个领域，我们必须事先了解这两个专有名词。一个基因是遗传的基本单位，另外一方面，遗传是利用基因将父母的特征传给子女。

目前有许多研究正在寻找每个家族当中是否有会引发自闭症的特殊基因。最近强纳森．瑟巴特（Jonathan Sebat）与麦可．为格勒（Michael Wigler）发现他们所研究的一百九十五名自闭症患者当中，大约有百分之十的病患都有微小的染色体突变，每个人突变的基因都不一样。这突变的存在证明自闭症并不是遗传而来的。

另外一个由田纳西的范德比尔特肯尼迪研究中心（Vanderbilt Kennedy Center）的处长佩特．磊佛特（Pat Levitt）所监督的研究发现：「自闭症患者当中，有些人的基因群比其它患者的还要容易变动。在抽取自闭症患者与无自闭症亲戚的血液对照之后，我们发现十分之一的自闭症患者都有基因突变，而对照的亲戚组则只有百分之一的频率。」

此外，瑟巴特发现这些基因突变都会发生在不同的地方，他写着：「实在是太多有可能突变的地方！」虽然如此，瑟巴特认为科学家们会慢慢地了解这些突变基因的功能直到他们发现一个共同的形态足以解释自闭症的来源。

二○○二年，一群科学家集中了他们所有的资源来创造国际自闭症基因体计划（Autism Genome Project）这群来自十九个不同国家和至少五十个不同的研究中心的科学家们利用基因芯片来试着寻找自闭症患者所共有的基因。他们很仔细的研究一千两百家家庭并且将注意力集中在第十一条染色体上一个叫作Neurexin 1的基因，专家们认为这些研究发现能够帮助医学界寻找自闭症的治疗方法并且证明「自闭症是基因蓝图出问题所造成」的理论。

当研究人员们能够了解哪一些基因会造成自闭症时，有一天，他们便能够更详细地测量一个家族中出现自闭症的频率，并且给予患者有自闭症的儿童更好的治疗方法。

莉莎．克若文博士（Dr. Lisa Croen）很明确的指出目前有非常多的研究刚开始、正在进行、或已完成，但是这些研究仍然未识别所谓的"自闭症基因"，目前它们只有找到许多高可能性的地区，但是连这些结果都非常的不一致。基因遗传的研究和疫苗的研究一样都会持续进行，有些可能的起因会迟早被淘汰，而剩下的因素则会被更仔细的研究。虽然如此，这个消息仍然无法足以安慰自闭症儿童的家庭他们所面临的无知、无助、与挫折如今仍然十分的难耐。只说：「有一天我们一定会了解自闭症的起因」并不足以安慰他们，因为那一天可能要好几年、好几十年、甚至更久以后才会来临。

饮食习惯与自闭症

请问：「饮食习惯会引发自闭症吗？」

这个问题的和其它与自闭症有关的问题一样都没有明确的答案。如果我们只分析手上的资料，我们因该可以断定饮食习惯并不会引发自闭症。虽然如此，最近有许多研究显示不佳的饮食习惯有可能会使自闭症恶化，其中包含摄取含有谷蛋白黏胶质和酪蛋白的食物。

这个理论—饮食习惯会使自闭症恶化—大部分都是由非传统治疗组织在宣传的。这个声明并不是说非传统治疗组织们所发表的意见并不足以在社会上讨论，这个声明只是指出许多的非传统治疗方法并不符合今日的科学研究标准。如果我们想要证明食物与自闭症之间的确有关联，我们必须研究大量的自闭症儿童和他们对于不同食物的反应，但是如今，这些研究都只是一些记述和小规模的研究。

非常不幸地，许多自闭症儿童的父母都一直在寻找任何可以帮助、改善，或治疗他们儿女的方法。当然，他们有正当的理由去尝试任何的方法，尤其控制饮食是一种和自闭症有关并且可以简单实行的改变，但是，使用这一些非传统的治疗方法有可能会造成许多不必要的负面影响，例如：家长可能会放弃有效的治疗、新的饮食习惯可能会造成营养失调、或者过度限制的饮食习惯可能会造成儿童发展上更多的问题。这并不是说父母们完全不应该调整儿女的饮食习惯，这只是提醒父母应该在任何的更改之前作好研究并且与孩子的医师和其它的辅导人员讨论过这个改变。

现在去除谷蛋白黏胶质和酪蛋白运动的发言人是著名的女演员珍妮．麦卡锡（Jenny McCarthy）。她写的书《比话更响亮：一位母亲寻找治疗自闭症的故事》（*Louder than Words: A Mothers Journey in Healing Autism*）当中讨论着去除这些食物的正面影响。她认为这种食物疗法虽然是非常的困难，但是，它所产生的效果十分值得所有的努力，她书中描述她患有自闭症的儿子在使用这种饮食习惯之后便能够认出一倍多的字。

在了解这个运动的由来之后，让我们来仔细分析含有谷蛋白黏胶质和酪蛋白的食物。

当我们导论谷蛋白黏胶质时，我们是指大麦，小麦，和黑麦，因此我们必须认识哪一些食物是可以接受的。一般来说，马铃薯、木薯淀粉、荞麦、玉米、大豆粉、和米都是不含有谷蛋白黏胶质的食物。如果身为家长的您有打算要把谷蛋白黏胶质从儿女的饮食中去除，您必须仔细的研读所有调制食品的食标，并且移除任何含有面粉、麦片、水溶性植物蛋白，植物胶、淀粉、麦芽、许多种香料等等的调制食品。

在去除这些食品之后，有哪些食物可以替代呢？家长可以尝试水果、豆类、米、玉米、马铃薯、蔬菜色拉、烤肉等等。（您并不需要使用这个菜单上所有的食物，您的小孩可能没有办法负担菜单上所有的食物。）但是，不管您最后的抉择是什么，一定要先和家庭医师或专业辅导人员讨论过您的计划，并且确定任何的更改仍然可以符合小孩的营养需求。

当我们在讨论无奶类的饮食，不能吃的食物非常的多，因此记住该吃与不该吃的食品种类十分的重要。不该食用的食品包括乳糖、吉士、乳脂、酸奶、午餐肉、热狗、巧克力、香肠等等，除了食品之外，培乐多黏土（Play-Doh®）、邮票、贴纸等等也含有些许的酪蛋白。

一个没有酪蛋白的饮食生活必须从饮食习惯当中移除所有的奶类食品和含有酪蛋白的食物，这种食疗法一般都是和无谷蛋白黏胶质食疗法同时进行。这些方法被分类于所谓的「去除食疗法（Elimination Diets）」因为它们基本上就只是从饮食习惯当中去除一些指定的食物。有些人认为谷蛋白黏胶质和酪蛋白会有类似药品的作用而影响儿童的言行举止，更有一些研究人员认为如果去除这些食品，儿童们的行为会改善。

如果你已经准备好开始这种新的生活，你必须很仔细的注意你所购买食品当中的所有食材。依你住的地方而定，你有可能可以参加无酪蛋白的烹饪课。书店里有许多可以选择的书专门教导如何执行这些困难的饮食习惯，网络上也有无数的文章套论不同的饮食选择。最后不管你打算如何，你一定要确定在你开始实施你的决定之前做好完善的准备—读书、与专家讨论、做适当的选择。这是你生活中相当大的改变！

结论

我并不自称我是一名科学家、研究人员、或自闭症的专家，但是，从我教导自闭症儿童的经验、到席许多的会谈后的心得、读完研究报告后的沉思、和如今累积的智慧，我认为医学界每天都渐渐的更加了解自闭症，而这日积月累的研究发现将会慢慢的证明头脑是引发自闭症的重要因素之一，甚至有一天我们能够证明头脑是引发自闭症最重要的因素。我在这一个章节当中列出了许多试着寻找自闭症关联的重要研究领域，但是这并不包括所有医学界李的研究，例如父母年龄、精卵突变、或统计异常（男生比女生常患有自闭症）等等。我了解这种无法知道的感觉十分的令人沮丧并且还会增加父母的烦恼，但是，在我们知道和了解自闭症之前，父母们必须利用现有的信息来做适当的决定并且绝对不能把任何发生的事情怪在自己身上。

如今我们仍然有许多无法解释的问题，但是，明天，我们可能会有更多的答案。

第五章 巴比 药物与行为的变化

巴比是从一个无依智慧分班的学校转到我的教室来的，他转学原因是因为旧学校认为他无法适应他们学校的环境。在开学前一天，巴比和他的祖父母来到我的教室参观，那是我第一次和巴比接触，九岁的巴比非常好奇的一边来回走动，一边观察周遭环境。

在与巴比旧的学校人员谈过话并且检阅巴比的档案之后，我得知他从小就一直和他祖父母一起住。巴比的母亲住在一百英哩外的地方，他一年可能只有见到她一次或两次。收养巴比那一对祖父母的儿子是他的父亲，据我所知巴比的父亲每个周末都会去找他的儿子。巴比单身又离婚的父亲有另外一名比巴比大两岁的儿子，他有许多的障碍包括诵读困难和行为方面的问题，因此，他也是在马刁教育部的特殊教育系统当中的其中一名学生。

在第一次来到我教室的那一天，有一名曾经辅导过巴比的辅导教育人员带领着他去熟悉新的教室环境，他的祖父母则利用这个机会来试探我的辅导能力。

巴比又高又瘦的祖父讲最多话，也问最多问题，大部分的问题都是十分常见的问题，例如我的经验、我的教育背景和我与特殊教育学生工作多久。他最后一个问题则令我十分惊讶，他两眼紧紧的盯着我问：「你是基督徒吗？」我毫不犹豫的看着他的双眼并且回答：「我是。」我的回答似乎令他十分满足，我眼睛的余光也注意到祖母脸上放心的微笑。当她站起来之后，我注意到她似乎行动有困难，她萎缩的身躯则默默的显示出她的年纪。我也注意到她身穿的衣服和她的头发一样灰白。准备离开时，他们一个人牵着巴比的一支手而巴比则开始不停的喊一些无法理解的话语，他祖父转过头来告诉我巴比想要去附近的快餐餐厅。

在我更加了解巴比的家庭之后，我渐渐发现他的祖母是一位非常温馨的老婆婆，虽然如此，她总是有一个我无法解释的又难过又疏远的表情。祖父母俩虽然已过悬车之年，他们仍然认为照顾巴比是他们重要的责任。

虽然我当时并不知道 这一对老夫妻其实非常富有 许多年后当老公公过世的时候 有一名员工在丧礼赞美老公公的好心，原来老公公很便宜的租给他一个房子并且没有要求押金。那名员工继续告诉我巴比的祖父母的财产包括北加州海湾附近的豪华半岛区里许多出租的房地产，除此之外，巴比的祖父也拥有许多卖录像带的商店。公司的代言人继续的列出公司的财产并且赞美他前老板的能力。

认识巴比 巴比的第一个个别化教育计划

巴比是一名非常活泼的男孩 善他的语言发展十分持患 当他需要东西时 他会对他祖父喊：「嗯！」他开始在我教室上课时已经学会说是、不是、拜托和谢谢等字语，在他离开我的教导之后，他的语言能力则进步到能够说简单的句子，列如：「我要吃冰淇淋」、「巴比是一个好男孩」、「巴比想要去小卡尔（一家快餐餐厅）」。这一切的成就都是我们的语言辅导专家杰基．安德森（Jackie Andersen）的功劳。

满足的巴比有一个非常甜美的笑容和一种能够使其它人开怀大笑的笑声，他喜欢用他的手做事，不停的摇晃、亨曲子、在游乐场上四处探索、和去小卡尔。同时，他非常的孤僻并且非常讨厌其它学生接近他，如果有学生试着和他互动，他会伸出手臂并且大声呼喊：「出去！」他只愿意容忍一名大人坐在他的旁边，虽然如此，他与其它自闭症的学生一样不愿意去看沟通对象的眼睛。巴比是我所辅导的学生当中最复杂的学生之一，而这个复杂的个性则造成许多的困难。他是一名生活当中面临许多障碍的男孩。

巴比的第一个个别化教育计划（Individualized Education Plan 是在学期初创造的。由于计划于学期初，我所能够观察巴比的时间极短（在学期初制造个别化教育计划的其中一个缺点），我利用这段有限的时间和工作人员们合作，我也常常与巴比的祖父母聊天，这段沟通的一大部分都是巴比的祖父在回应。这是我这一学期当中的第一个个别化教育计划，我的主管是这个个别化教育计划的主管人员，我们也有来自区域中心一名非常亲切的女代表，我和她在会议之前有些许谈过话。在这会议当中，学校的护士、语言专家、和心理学家都有到场，另外，巴比的祖父母也有出席。我仍然记得巴比的祖母因为臀部有问题而一拐一拐的走入大楼里，他的脸色显示出她的身体的痛苦，在目睹这一切之后，我将心里对这名老婆婆的疑问封锁了起来。

在会议开始之后，我便开始分析巴比的长处与缺点，我一步一步的描述巴比每日惯常的程序并且解释我们对他所拥有的期待与要求。在我完成我的报告之前，巴比的祖父便开始没有理由的大笑，老婆婆在看了他老公一眼之后也开始笑了起来，在不知道该如何处理他们奇异的表现，我便开口问他们到底什么事这么有趣。他祖父便开始述说巴比有一次爬到他们的小货车里并且将手煞车释放，那台小货车因此而滑出他们的车道并且撞进他们邻居的车库里，虽然他们必须赔邻居车库的损伤，幸好巴比没有受伤。

我在这时感觉有点尴尬，这不是个别化教育计划会议当中应该揭露的信息，虽然他非常诚实，但是会议中有专门确定祖父母俩能够给予巴比一个安全环境的人员。我的眼睛马上不自主的往区域中心的女代表方向看，她脸上有一种又惊讶又不安的表情。巴比的祖父继续说巴比是一个非常有创意的小孩，突然间，他又开始笑了起来（这次我没有问因为我怕他又会描述一个不适当的故事）并且开始告诉我们另外一个故事，巴比有一次把梯子靠在车库外面，爬到梯子的顶端，一支脚留在梯子上，另外一只脚则跨到屋顶上，巴比接下来把他整个身体拉到车库的屋顶上并且无惧的爬到了屋顶顶端。我愣住了，感觉肚子里有一种糟糕的感觉，老公公的诚实态度完全没有顾虑到严重的后果。老公公无忧无虑的告诉我们，幸好他有一名员工在附近因为它自己一个人是没有办法把巴比弄下来的。

区域中心的女代表非常合理地对这两个事件十分不安，她脸上的表情写的一清二楚，但是他并没有责备这两名监护人。她很镇重地告诉他们这两件事情都十分严重，巴比有可能因此而受伤，她决定她必须更深调查这件事，老公公的故事令她怀疑这对老夫妻照顾巴比与保护他的安全的能力。对于这段话语，巴比的祖父笑了笑说他因为这些事情所以最近请了一名「黑人」来监督巴比，女代表则安静的在她的笔记簿上多写了几个字，我只能猜想她到底写了些什么。她在几天之后拜访巴比的住处，她之后告诉我她和巴比的祖父母有了一段很长的交谈，她告诉他们她所有的疑虑，她也教他们该做那些预防以便保护巴比的安全，例如将梯子锁在车库里和随时确定车子已经上锁。在那个时候，我认为这个事件会因此而圆满的落幕。

在祖父分享完故事之后，女代表将话题转到团体家庭，我知道区域中心一直试着说服老公公和老婆婆将巴比寄放在团体家庭几个月，甚至更久。我感觉老人们并不反对这个建议，但是他们想要一个附近的团体家庭以便常常去探望他们的孙子。区域中心的女代表说虽然附近的空位少之又少，她会进一步的去寻找附近团体家庭的空缺。巴比的祖母抗议说她担心巴比会被送到莫德斯托（大概两个小时的车程）或更远。

我在回到讨论个别化教育计划中巴比的行为时，老公公突然在我的讲解的过程当中默默的说：「我回家调整她的左洛复就好了。」区域中心的代表立刻问他那句话是什么意思，老公公则公开的坦承他会通知巴比的心理学家，而那名心理学家会因他的讲解而调整药量，老公公更加解释那名医生给他许多不同的处方，而他则随时「调整」药量以便观察巴比的反应如何。

区域中心的代表非常积极的询问这件事，在场的其它人完全不敢相信这世界上会有一名医生如此离谱的给予监护人所有配药的权利，此外老公公也顺便告诉我们他有给巴比不同的安眠药和情绪稳定的药物。区域中心的代表跟老公公解释她无法宽容这种行为，但是老公公则笑嘻嘻地说，这种事情他已经做了许多年。区域中心的代表讲到最后基本上逼巴比的祖父同意去安排与巴比的医生会面，而且我和学校的护士必须到场。在这个新的发现之后，我心里只想要这个个别化教育计划会议结束，我想要这一个尴尬的情形马上结束，幸好在这时，个别化教育计划的主管中断了考问并且请我继续发表我的计划，我听从他的命令并且完成我的报告并且回答了一些问题，在这之后我十分感激一切已经过去了。

拜访巴比的医生

拜访医生的下午很快就到了，我和我的工作人员们日以继夜的将巴比的表现与行为纪录成一个档案，我希望与在场的人员分享这些资料，在我的主管许可之下，我提早从学校离开并且前往门洛帕克（Menlo Park），由于我才刚搬到这个区域住而对附近的环境不熟，我提早出发避免迟到。在开了一段路的车之后，我便发现我的考虑其实非常胡涂，有了地图寻查网的帮助，我很快的便找到巴比医生的诊所。

我踏入诊所之后，里面的接待人员很快的带领我进入医生的办公室。办公室里已经坐着我们学校的护士与巴比的祖父，不久之后，巴比的医生则加入我们的会议。巴比的医生是一名中年男子，我对他最初的印象是他打扮的非常的正式，但是我觉得他缺乏一种亲切的感觉，整个会议当中我从来没有看见他笑。

我和学校的护士同时问医生关于巴比的处方药量，当他回答时，我们俩都非常惊讶的发现他认为祖父是这一方面的专家。医生说他并没有随随便便就给祖父任何他在网络上找到的处方，但是他仍然信任祖父的抉择。学校的护士很快的开始告诉医生巴比每周，甚至有些时候每日，更改药量，完全不给巴比的身体足够的时间适应。令人惊讶的是，医生和祖父都异口同声的赞同，会议也在这个尴尬的情形下结束。

我和护士在事后的讨论当中认为这个会议后的改善可能只有阻止祖父突然更改药量，但是我们后来发现，不管谁努力去劝他，祖父仍然持续随时更改处方，而据我们所知，医生仍然继续让祖父进行他无理的实验。

团体家庭的空缺

两个月之后，附近的一个团体家庭开放了给巴比一个位子，在与巴比的祖父母讨论过这个机会以后，我非常惊讶地发现他们并不反对让巴比去住在团体家庭。我亲自跑去参观，我发现那个团体家庭的房子非常的整洁也十分的漂亮，另外一方面，由于我之前也有学生住在他们其它的团体家庭当中，我也认识这个家庭的主管与设施的所有人。

团体家庭的主管在几天之后来到我的教室拜访巴比，在这段时间当中，巴比十分的守秩序。主管在观察以后决定让巴比在礼拜五前往团体家庭并且在那里住一个周末。一个礼拜后的周五，巴比便在新的团体家庭待了一个周末。

巴比回来的周一，祖父亲自带他来到学校。那对老人对巴比的爱护与关怀十分明显，在看到巴比或讨论关于巴比的事情时，他们的眼睛都会发亮（在讨论他的孙子时，巴比的祖父有时眼角甚至会有一丝丝的泪光）。我在那时把老公公拉到一旁问他周末如何，他说他周末非常的难受并且拒绝告诉我原因，他不愿意讨论的动作令我十分担心。

几个小时后，我收到一通团体家庭主管打来的电话，她告诉我上个周末有十九名她在过去的许多礼拜当中陆陆续续邀请的儿童来到团体家中过夜，巴比是这当中的其中一名。整个周末巴比哭闹不停，他的噪音严重到附近邻居想要报警的地步。虽然她并没有当时告诉我团体家庭无法收留巴比，但是我知道巴比录取的机率已经微乎其微。因为这是一个新的团体家庭，如果附近的邻居有任何的问题，他们可能会因此而无法运作，这个情形代表两件事：第一，他们会因此拒绝录取巴比，第二，虽然巴比的祖父母目前赞同这种机会，未来他们的意见如何实在无法预料，巴比可能因此而永远没有改善的机会。

过了许多礼拜，团体家庭公布他们所录取的学生，巴比并没有被录取。巴比的祖父母非常的高兴，我觉得他们之所以支持巴比去团体家庭的动作是因为区域中心的代表在幕后迫使，他们从头到尾都希望巴比可以留在他们身边。

新的行为

巴比的祖母当时在医院接受臀部替代手术，手术后他依照安排去了附近一家康复院疗养。在这几个月当中，由于祖母不在家中，照顾巴比将会是祖父一个人的责任。

在这段期间，巴比有一些非常明显的行为变化。打个比方，巴比总会带比萨来学校微波，但是我们无法了解为什么他总是拒绝吃微波完的比萨。在与巴比的祖父沟通之后，祖父解释巴比的行为是因为他知道比萨上有祖父洒的药粉，在好心劝导之后，巴比的祖父同意停止洒药的行为。

另外一方面，有时候巴比会三天连续穿同一套衣服来学校，他的头发会时常没有梳，跟以前比起来，巴比的外表在祖母离开之后便开始凌乱不堪。巴比在这段时间也十分的激动，他常常会大叫：「妈妈！妈妈！」虽然巴比的祖父常常带他去探访祖母，他可能并不了解所有发生的事情，他无法理解为什么祖母没有回家。

在注意到巴比持续恶化的情形之后，我便开始越来越常与学校的心理学家讨论巴比的问题。有时，似乎非常高兴的巴比会安静地坐下并且开始一根接着一根地拔起眼睫毛，他偶尔会在拔出一根眼睫毛之后大声狂笑。我记得许多年前，有一名学生总是不停的拔眼睫毛并且不准任何一根存活，跟她比起来，巴比还没有那么的离谱。

几天之后，巴比奇怪的习惯慢慢地从拔眼睫毛变成拔牙齿，我在注意到这个行为之后便再次跑去找学校的心理学家，希望我们可以一起寻找纠正这个行为的方法，巴比的习惯令学校的工作人员们十分苦恼，无可奈何之下，我打电话告知祖父巴比的行为。老公公在得知这个行为之后便哈哈大笑，他告诉我巴比所拔掉的牙齿是乳齿，和其它同年的男孩一样的行为。

我相信这个想法能够解释巴比拔掉的第一颗牙齿，但是几天之后当他连续两天拔出他第二颗和第三颗牙齿并且高兴的大笑时，我认为这件事情并不是祖父想象中的简单，于是我又跑去找学校的心理学家讨论问题。

心理学家建议我找时间制造一本巴比能够了解的图画书（一本用来描述一件特殊的情形以便利用图

画纠正学生的行为）。隔天我和助教们便如他所建议地制造了一本图画书，这本书很有效地改变了巴比的行为，这学期剩下的日子当中，巴比都没有再次拔出任何的牙齿，虽然如此，他仍然时常会去拉他的牙齿，似乎想要把他拔除的样子。

一阵子之后，巴比拔头发的习惯便开始代替他拔牙齿的习惯 当他情绪激动或愤怒时 他会大力的拔他的头发直到他手中有一团头发为止。祖父很快的注意到这个行为并且将他的头发全部剪掉，从那一天起巴比便停止拔头发的习惯。

团体家庭新的空缺

我和上次邀请巴比过夜的团体家庭主管渐渐成为好朋友 过了几个月 当巴比的行为已经渐渐好转也越来越开心时，我便决定邀请主管再次来到我的教室观察巴比。在观察几个小时之后，主管告诉我她非常高兴巴比的情绪已经稳定许多，而且团体家庭最近有也有一个空缺。在这段时间，巴比的祖母已经回到家里住了，祖父母俩也想要巴比多留一阵子，但是我有点担心他们家里有可能发生的事情。老公公心脏有问题，老婆婆的身体也十分虚弱，我很担心他们可能会有什么三长两短。我和区域代表谈过话之后，她告诉我她非常高兴团体家庭有空缺，她也愿意去尝试说服巴比的祖父母让巴比去团体家庭。

我非常惊讶代表能成功地说服他们，一个礼拜之后，巴比便搬到团体家庭去住。虽然在接下来的几个月当中巴比度过许多个性和行为改变，但是整体上他的确进步了许多。

祖父过世

一阵子后的一个礼拜一早上，我收到祖母的一通电话，她说：「我想你应该已经知道了…」我其实并不知道她在说什么，我心里担心巴比有可能又再次被踢出团体家庭，我非常迟疑的告诉她我并不知道她在说什么并且问她是否一切都还好。老婆婆非常镇定的说：「老公公去世了…」听到这消息，我非常的惊讶（尤其是对于老婆婆稳定的情绪），我问她适应的如何，她告诉我她没事。我一值认为因为他们同居许多年，老公过世因该会对她造成极大的打击，但是沉默有可能是她适应的方式。

老公的葬礼安排于这个礼拜，我问我的主管是否能够让我当天请假，我告诉他我只打算出席老公公的葬礼，事后家人们去坟墓和老公公的家我并不打算跟随，我的主管准许我的请求。

当天下午，有一个奇怪的中年男子来到我的教室，他一进门便大声的问：「巴比在哪？」我告诉他巴比正在语言辅导中，他说他要把巴比带走，我说由于我不知道他是谁，他不能如愿的带走巴比。听到这个答复，那名男子很不屑地回复：「我是巴比的父亲。」我知道我的主管有见过巴比的爸爸，我请那名男子稍等然后跑去寻找我的主管。几分钟之后我和主管回到现场，他告诉我这名男子的确是巴比的父亲所以他能够带走巴比，当我询问他们全家适应的如何，他一副似乎什么事都没发生的样子告诉我他们全家都没事，并且他要带巴比去看老公公。我问他当天是否有安排公开拜访棺材的机会，他告诉我只有家庭人员可以参加。当我问他是否要让巴比目睹老公公躺在棺材里的样子，父亲很不爽的回答：「当然！」

听到这个消息，我非常的担心。我知道当巴比看到老公公躺在棺材里他会试着叫醒他，当老公公没有反应时，巴比有可能会无法接受的开始哭闹。几天之后，有人告诉我巴比的反应正如我所料。

巨大的个性和行为变化

对巴比来说，接下来的几个礼拜十分的困难。我和其它的教务人员都注意到巴比绘画的兴趣似乎不见了。事前他总是会在看完卡通或其它的电视节目之后试着画节目里头的主角，他也会正确的写下图片的标题（例如X战警）。他曾经会用许多不同的颜色来创造他的作品，像是紫色、红色和其它亮丽的色彩，如今他不止比较少画画，当他决定画图时，他选择只用黑色的蜡笔，这是一件非常令人担心的现象，他曾经会用亮丽的色彩画卡通里面的女角色们，如今整张图片都是黑色。除此之外，他也开始乱涂，他会很愤怒的坐下、伸手拿黑色的蜡笔、并且开始用力的乱涂直到纸张破掉，然后他会跑去拿另外一张白纸并且重复乱涂的动作。

有一天，我们想测试看看如果没有黑色的蜡笔巴比会有什么反应，于是我们将他黑色的蜡笔藏了起来。

当天早上在他拿完纸张回到座位时，他注意到黑色的蜡笔并没有在盒子当中。他开始四处寻找他的黑色蜡笔，一段时间之后他便开始有点厌烦，但是他仍然保持良好的表现，最终他走到另外一个学生的座位、拿走黑色蜡笔，并且高兴的回到座位画起图来。在目睹这个行为之后，我再次跑去找学校的心理学家请教，他给我许多的建议但是他所有的建议都无济于事，巴比仍然继续他的「黑色蜡笔」行为。

更令人忧虑的是：巴比的哭闹开始有一些严重的自残现象，当上课时间中断他的绘画时，他便会开始哭闹。巴比的哭闹严重到我有一次录了他的行为给祖母和医生看，这个录像当中巴比从椅子上跳出，把椅子踢倒，然后撞倒教室里的分隔木板，木板差一点击中附近的学生。他突然停了一下，仔细的看附近的教职人员的反应，然后又开始重复他的行为。那一天由于他造成其它学生的困扰，我拉着他的手走出教室到走廊上，他的叫声大到其中一名学校的护士从他的办公室走出来瞧了个究竟。那名护士在了解事情的经过之后很快的打电话给警察局采取五一五○动作，警察因此而来到现场开始观察巴比的行为。巴比不停撞击的脸部已经开始瘀青红肿，我们试着用枕头保护他的头，但是他很快就用手把它丢掉，我们试着用厚手套减少对他头部的撞击，但是这个方法也没有效。

救护车很快就抵达现场了，警察指导救护人员带巴比去附近的精神病院观察，一个小时的观察之后巴比便被送回他的团体家庭。我认为护士的好心其实造成巴比许多不必要的麻烦，她事后告诉我她希望警察们会把巴比关在精神病院里，这是因为精神病院会很严格的监督他服药。

另外有一天，我带着学生们去麦当劳吃饭，我们附近的麦当劳十分的宽敞并且建有一个儿童游乐场，巴比非常喜欢在里头爬来爬去和跳来跳去，利用游乐场里所有的设施。当食物准备好时，我和助教们集中所有的学生并且将他们分成两桌学生，当我们给巴比他的午餐时，他看到他的汉堡与薯条变开始大哭大闹。当助教们开始寻找巴比的问题时，附近的顾客便开始盯着巴比，似乎认为他正在被助教们欺负。终于在一段时间之后，杰基.美坎儿（Jackie Melchner），一位非常优秀的辅导专业人员，终于解释巴比的不满，原来巴比想要一个热狗，这个要求十分的不寻常因为巴比一值都非常喜欢汉堡。我们试着给他薯条、饮料、和任何我们能够给他的东西，但是他仍然不接受我们的食物，他的哭闹则反而越来越严重。他开始踢助教、拉他的头发、拍打他的脸颊、和咬他的嘴唇直到流血为止。

由于他已经造成其它顾客的困扰，我终于与亨利强制将他带离餐厅。当我们离开餐厅时，旁观的路客在看到我们用手制服巴比之后便开始问我们在干什么。他们所看到的景象是两个成人试着将一个无助的小男孩制服，对旁观的人来说，这看起来像是在虐待儿童。路过的车子都开始停下来观看，有些旁观者开始骂我们的行为，我最害怕的事情又再次的发生。

几分钟之后两台警车来到现场，陆陆续续的一台救护车和一台消防车也抵达现场。我后来得知报警的人是餐厅的经理。巴比又再次的被带到附近的精神病院，他在两个小时后又被释放。巴比的药物仍然对他有危害。

终于有一天巴比的行为已经暴力到无法接受的地步，我的主管便无奈地采取了五一五○动作，他说这一切势必要的因为他无法旁观巴比如此的自残方法。过了几天，主管决定学校无法有效帮助巴比并且将他退学，巴比因此而被转到附近的私立学校当中。

我认识许多那所私立学校的老师，他们告诉我巴比哭闹和自残的行为仍然持续的发生，唯一不同的是这所私立学校的处置方式。这是一所上锁的学校，所有的门都有锁而且所有的人都必须有钥匙才能进出教室，除此之外，这所学校也有一个房间给小孩「冷静」。

巴比如今仍然住在团体家庭，他的习惯仍然千变万化，但是他的哭闹，据我所知，已经比较没有像以前那样激烈，这可能是在团体家庭的医生努力监督吃药的情况下改善的。监督药量的服用是迈向康复的一个重要步骤，一个小孩的药量不能由一般人来断定。有时候我回想巴比的问题并且问我自己，如果巴比住在他父母（或祖父母）家中继续有这些行为而且他们在禁止巴比服用药物的时候（有些父母会采取这种行为），他们会如何适应巴比的行为？他们会如何管教巴比？我知道世界上有许多父母与他们家中的「巴比」挣扎，我了解这是一件非常困难的任务，虽然如此，我必须提醒所有关心的人必须切记这些挣扎是成功的基础。

第六章 各式各样的自闭症次等症候群

我们已经在第二章介绍过自闭症，但是在广泛性发展障碍光谱当中仍然有两种不同的障碍——亚斯伯格症候群和待分类广泛性发展障碍。这个章节将会讨论关于这两种次等障碍、儿童期崩解症，和雷特氏症。

亚斯伯格症候群

第一份发现亚斯伯格症候群的报告是汉斯．亚斯伯格博士在一九四四年所写的。报告当中叙述许多拥有「奇特行为」的病患。亚斯博格博士将这些行为分为三种类别：语言、认知、和行为。报告里记载着这些病患都有正常的智商，有时甚至比一般人更高的智商，因此许多病患都仍然能够过正常的生活。

当许多研究继续揭发自闭症的奥秘时，许多亚斯伯格症候群相关的研究也同时正在进行，虽然如此，这些研究当中只有少许被记载。许多人认为基因是主要的因素，另外也有人认为精神疾病（像忧郁症和躁郁症）可能和亚斯伯格症候群有关。如同自闭症，也有一些人正在了解影响脑部发展的环境因素与亚斯伯格症候群是否有任何关联。

当一名儿童被诊断为亚斯伯格病患时，他的父母一般来说只想知道他们能够如何帮助他们的孩子。这是一个非常重要的第一步，虽然如此，我仍然必须提醒父母每个小孩的行为模式都不同，这世界上并没有典型的亚斯伯格孩子，因此相对的，这世界上并没有万能的治疗方式，由于父母最懂自己的小孩，因此我建议父母要在这些方面带头。

一般来说，亚斯伯格症候群都比自闭症还要晚发现，许多亚斯伯格儿童都是三岁之后才诊断的，这些儿童当中大多数都是五岁到九岁才被诊断的。大部分的时候，许多家长和老师们都不会将怪异的行为视为亚斯伯格症候群的象征，对他们来说，这些行为只是一般长大所经历的过程，这种看法会造成较晚的诊断，因此而耽搁能够帮助孩子的服务。如果一名儿童有尽早获得相关的服务（越早越好），他更有可能会在脑部还正在发展时拥有个人化的辅导。

症状和奇特的行为

注意：有些专家们认为亚斯伯格症并不是一种障碍，他们认为那只是一种个性上的差异。一般来说，亚斯伯格症儿童拥有非常少的表情，他们会有困难解读其它人的肢体语言，例如：当一位朋友把手臂绕在亚斯伯格儿童的肩膀上时，他有可能会对这个动作有不良的反应（像是开始哭闹），这是因为他并不了解这个动作的意思。亚斯伯格儿童对光亮和声音十分敏感，他们穿的衣服能够反映他们的情绪，有些衣服材质会惹恼他们到想要撕破衣服的地步。亚斯伯格儿童也会对其他儿童的哭闹显示出痛苦的表情（像是用手遮住耳朵或跺脚等等行为）好让其它人知道个噪音十分恼人。

一般来说 亚斯伯格儿童有非常奇特的行为与表现 例如：他们可能会在周日礼拜当中开始大声拍手。他们的行为可能会是重复的动作（如重复的开关门），他们可能无法在大人身边稳定的站着，他们总是前后摇动。对复杂的图案、积木和拼图等等东西着迷是亚斯伯格症候群的另外一个征兆。乍看之下，孩子对这些物品的迷惑因该是不同的线条、曲线、和色彩所造成的，但是相对的，亚斯伯格儿童对物品所产生的兴趣可能是我们无法理解的特征所造成的。

亚斯伯格儿童可能会有尴尬的动作，一名儿童可能会有困难学会接球的动作或学会如何骑脚踏车和三轮车，另外一个孩子则有可能无法打开花生酱的罐子。这些儿童也有可能会有一种必须每日遵守的固定的程序，例如回家时必须走某条路或洗澡必须用某种方式洗。他们也有可能会非常喜爱一种东西，例如：一个小孩可能会非常喜欢一本关于火车的书，当父母买一本关于马的新书给他时，他们则眼睁睁的看着他们的儿子把新书丢在地上并且跑去读他的旧书。当这些程序没有被遵守时，孩子们会非常的困惑并且显示一种行为来让其它人知道他们的不满（像是大叫、哭闹等等行为）。

我必须强调亚斯伯格儿童会将注意力集中于一个想法，物品或题目，这当中沟通能力正常的儿童会开始将所有的话题集中于他的特殊兴趣。他们会有一种想要学会所有关于那样东西的冲动，他们会因此累积相关的知识到能够授课的程度，这是亚斯伯格症候群的一个象征。有些时候，父母、教师、和其它相关的人会想要改变他们对某样东西的痴迷，如果一名儿童非常喜爱他的恐龙玩偶，照顾他的人可能会想要将那个玩偶藏起来或丢掉。这并不是最佳的对应方法，虽然利用这种方式迫使亚斯伯格儿童更改他的注意对象似乎符合逻辑，但是大家必须了解这个移除的动作会造成混乱，这个动作就像将你所依赖的东西（像是你的汽车或你早上的咖啡）突然从你生活中移除。

类似自闭症和它的次等障碍，亚斯伯格症所产生的行为变化也是有轻微和严重的区分。每个人必须切记亚斯伯格儿童通常对世界有不同的观感，我们以正常的头脑所认为是奇怪、粗鲁、不适当或不同的行为其实对他们的头脑来说算是正常的行为。我们必须切记由于他们奇特的行为，幼小的亚斯伯格儿童时常是恶霸欺负和同学嘲笑的对象，年纪比较大的亚斯伯格患者则会感觉孤单并且拥有非常少的朋友因为其它人会觉得他很古怪。幸好，亚斯伯格患者能够有一个非常欢乐满足的生活，尤其如果他在早期便有接受个人化的教育和辅导。

父母能够扮演的角色

如果父母有在儿童的早期发展发现任何的异状，带他去给专业人员诊断是一非常重要的步骤。家庭医生一般来说可以推荐专科医师给父母考虑，这些专科医师能会利用症状历史、行动与语言能力发展、和父母所注意到的异常与其它同龄的儿童比较。

以上所列的项目并不是所有专科医师都会利用的诊断条件，每个专业医师都有不同的诊断方法，但是，如果你对一名医师的诊断不满意，就像如果你个家人被诊断有癌症、残障或其它病症一样，你应该咨询另一名医师的意见。

为了帮助患有亚斯伯格症的儿童，父母们可能需要寻找专门训练社交能力，智慧发展，与行为控制等等的服务。和亚斯伯格症孩子互动的每一个人都必须了解，如果孩子可以找到符合他个人需求的教育和辅导，他能够有非常明显的进展。

在孩子开始上幼儿园时（有些学校甚至有更早的服务），找一名语言专家做朋友是非常重要的，这种人能够帮孩子开创一个新的视野。我在帕洛斯．佛迪斯特殊教育学院教书时，我很荣幸的能够与杰基．安德森（Jakie Anderson）一起教书，安德森是一名语言专家，而在这许多年当中我们也成为非常好的朋友。安德森对她的工作总是非常的勤奋，透过她温柔的接触、爱心与耐心，她成功地帮助许多学生发出基本的声音，有些学生则进步到能够说出字词的程度，更有些学生甚至进步到能够将不同的字符串成句子的程度。找到一名有能力的语言专家对一名亚斯伯格孩子的父母来说有如找到宝物一样，运气好的话，还会把握与语言专家互动的每一分钟，父母们应该在觉得这种辅导有效的时候增加辅导的时间。个别化教育计划是询问关于增加语言辅导时间最佳的机会，美国的法律规定每个孩子必须再每一年当中至少有一个个别化教育计划来决定接下来一年适当的教育计划。

在加州，我所知道的区域中心都很强烈的建议所有被诊断为自闭症光谱系障碍的儿童在最早的时间到区域中心登记，这些中心都有提供许多免费的服务，例如暂居服务、居家应用行为分析（Applied Behavior Analysis）服务，或某些技能的训练，除了帮助孩子以外，这些中心也提供其它许多能够帮助孩子父母和兄弟姐妹的重要服务。非常不幸地，许多父母认为他们并不需要这些服务，他们的忽视会使他们错过许多能够帮助他们家庭的重要机会。如果一个孩子没有在十八岁之前到区域中心登记，他将会错过许多能够使他进步的服务与机会，另外一方面，登记一名青少年也比登记一名小孩还要困难许多。

父母们必须了解他们也是孩子的老师 这是一个照顾亚斯博格症儿童的父母必须懂得的概念 父母们能够交孩子许多重要的生活技能，例如怎么正确的吃饭、上厕所和打扮。父母们对自己的小孩最了解，因此在孩子开始上学时父母们将成为老师们在帮助孩子时的最佳资源。老师们在开学之前并不认识你的小孩，你可以帮助他们认识你的孩子，以便让他们能够给你的孩子一个更轻松和体贴的环境。

教育与培养

亚斯伯格孩子能够使用的教育资源是由附近的学区所断定的 非常少有学校能够顾虑到这些学生的需求，而大部分能够帮助他们的学校则是寄宿学校。父母们可以选择附近的公立学校、一个特殊教育教室、或一个专门照顾特殊需求学生的私立学校（另外两个选择是在家自学或聘请私人家教）。私立学校一般来说比其它的学校还要贵许多，一年五万美金的学费并不罕见，有些时候在证明（父母、老师和心理学家的同意）的确有需要时（像第三章的杰莉），有些学区会贴补这笔学费，但是大多数的亚斯伯格孩子将会被分配到一般教室去。

对亚斯伯格儿童来说，公立学校的一般教室有优点也有缺点，这些优缺点影响孩子的程度将取决于许多不同的因素，像是孩子亚斯博格症的严重性、孩子行为离谱的程度、其它孩子的反应、老师对亚斯博格症的了解和准备、老师是否有接受过照顾亚斯伯格儿童方面的专业训练、校园里有多少可以提供辅导的专业人员、和教职人员对亚斯伯格儿童的通融程度等等，这些只是少许几种因素。

不管孩子最后到哪里上学，在幕后确定孩子的需求都有被满足是一件非常重要的任务，一般来说这种监督的工作都是父母的责任，如果负责这件事的人没有持续关心学校所发生的事情和学校所提供的服务，孩子有可能会失去能够帮助他未来发展的服务，最可惜的是，由于孩子长大之后所学的技能都是从幼儿期所建立的基础延伸出来的，在这段期间没打好基础将会影响孩子一辈子的发展。

父母应该和教职人员一样去接受专业训练（但是如果你无法如行，请不要自责）。这些专业训练活动将会给父母一个机会去学会如何更有效的帮助孩子，父母们也能够在这个场合互相分享如何处理许多的孩子行为的方法。一般来说，附近的学区、小区团体、或甚至老师们都有可能会举办这些训练活动。网络是另外一个重要的资源，网络上的信息你一辈子都读不完。我能给父母、老师、看护人员、和任何帮助亚斯伯格儿童的人最重要的建议如下：开始训练你的耐心，一天一点点。

待分类广泛性发展障碍

待分类广泛性发展障碍是广泛性发展障碍光谱当中的第三种障碍（这也是广泛性发展障碍中的五种障碍之一），有些人认为这种障碍是一体适用的分类，这是因为待分类广泛性发展障碍和自闭症有少许相同的症状。

有些人认为待分类广泛性发展障碍是一种精神障碍，待分类广泛性发展障碍对一个人的影响非常的广泛，但是一般来说，由于患者的社交能力比较没有被影响的那么严重，这些人并不足以被诊断为「经典自闭症患者」。由于待分类广泛性发展障碍并没有任何标准的诊断方式，关于这种障碍的研究屈指可数，医学界有限的研究当中指出待分类广泛性发展障碍应该是基因或生理因素所引发的，虽然如此，许多人依然认为我们不应该排除其它的因素，另外一方面，大部分的人都认为这种障碍只会影响脑部。

一般来说，患有待分类广泛性发展障碍的人比患有自闭症的人还要晚被诊断，这是因为当儿童显示自闭症的症状时，专业人员们一般来说会先试着诊断其它的广泛性发展障碍类别，当其它的类别都被排除之后，那个孩子才会被诊断为待分类广泛性发展障碍患者。

特征和疗法

待分类广泛性发展障碍的儿童会有许多不同的特征，例如他们会对物品有非常强烈的喜爱或讨厌，另外一方面他们的社交行为将有些许的迟缓。有些儿童可能会开始有不停反复的行为举止，待分类广泛性发展障碍儿童也有可能会有不均匀的技能发展，代表说他们可能在某些学习领域当中十分优秀，但是在其它学习领域当中表现不佳。有些儿童可能会无法适应新的环境，更另有一些儿童可能会在感官侦测到的刺激时有和一般人不一样的反应。儿童可能不只会有语言沟通能力方面的迟缓，非语言沟通能力也有可能会被这类障碍影响。虽然症状如此的广泛，但是就算你的孩子有显现出这当中其中一种症状，这并不代表你的孩子一定患有待分类广泛性发展障碍。唯一能够正确诊断待分类广泛性发展障碍的方法，如同诊断其它的障碍一样，必须由专业人员来诊断。大概每一千人当中就会有三到四个人会罹患待分类广泛性发展障碍。

待分类广泛性发展障碍的儿童和其它自闭症谱系障碍儿童一样都非常讲究日常生活当中的结构性，家长在事前和儿童一起准备参加某个活动所花的时间（像是去餐厅、拜访亲戚、散步等等）将会决定儿童从这个活动里得到的收获有多少。准备越多，儿童的反应就会越佳。相对的，若在事先只有少许的准备，孩子有可能会大哭大闹，甚至显示出其它不良的反应，而他从活动当中所获得的经验将会大幅减少。

待分类广泛性发展障碍和其它自闭症光谱喜障碍一样都需要有一个早期诊断才能有效治疗，这种早期诊断将会帮助儿童实现他的个人浅能。治疗方法可能会包括应用行为分析，儿童也能从游戏治疗当中学习并且发展（一般来说，游戏治疗是针对三到十一岁的儿童，选择适合孩子成长发展阶段的游戏可以训练孩子的沟通能力）。除此之外，感官统合治疗也对大约三分之一的待分类广泛性发展障碍儿童有益，其它的孩子则有可能在体操或武术训练活动当中进步，更有一些最近的研究显示音乐疗法（Music Therapy）也能够成为孩子成长的关键疗法。

由于自闭症光谱系障碍里的五种障碍当中待分类广泛性发展障碍是医学界最不了解的障碍，因此待分类广泛性发展障碍是这当中最需要更多研究的障碍。这个情形是因为专业医师们都会将他们不认为完全符合其它障碍但是有轻微自闭症症状的儿童都诊断为待分类广泛性发展障碍，因此我认为待分类广泛性发展障碍是一种一体适用的诊断。

其它儿童期崩解症

雷特氏症候群与儿童广泛性发展障碍

雷特氏症是广泛性发展障碍光谱五种障碍当中的其中一种，有些人认为这个分类并不妥当因为拥有类似自闭症症状的唐氏症并没有被分类为一种广泛性发展障碍光谱。患有雷特氏症的儿童常常会有类似自闭症的行为举止，像是不停的摇晃身体和重复的用双手做出相同的动作。

雷特氏症是一重能会使患者衰弱的复杂性神经系统疾病，最初是由奥地利的维也纳．雷特（Andreas Rett）医师在一九六六年所发现的，但是全世界要等到二十年后的一份报告才会正式认识雷特氏症，这份报告当中描述三十五名在瑞典、葡萄牙、和法国居住并且患有雷特氏症的女孩。一九九九年，美国剑桥大学医学院（Baylor College of Medicine）的研究人员胡加．左碧（Huga Zoghbi）和如喜．阿密尔（Ruthie Amir）发现雷特氏症是由X染色体上的MECP2基因突变所造成的，因此雷特氏症是一种由基因突变所造成的遗传疾病。虽然如此，遗传雷特氏症的儿童不达所有病患的百分之一，大部分都是基因突变所造成的。

患有雷特氏症的儿童在出生时看起来非常正常，她们头部的周长都会在正常的范围之内。在最初的几个月，这些儿童的身体、精神、和行为发展都十分正常，她们和其它同龄的孩子一样会笑、会伸手抓东西、也会自己吸奶，这些成长趋势将会继续六到十八个月。但是在这段期间，父母将会渐渐的注意到婴儿的「逆向发展（Developmental Regression）」，这些幼儿会突然停止学习新的技能或忘记以前学会的所有能力。

雷特氏症几乎都只会影响女生，虽然在极少数的几个案子当中的确有男生被诊断为雷特氏症患者（这种情况屈指可数，而且非常不幸的，患有雷特氏症的男生都会提早死亡。不知道为什么，雷特氏症总是在男生体内较严重）。医学统计显示女生罹患雷特氏症在的频率大概是万分之一的机率，但是许多学者仍然认为这个数字是一个低估，因为有许多女孩没有被正确诊断，也有许多女孩被误诊为自闭症或大脑性麻痹（Cerebral Palsy）。

雷特氏症的四个阶段

雷特氏症有四个阶段，在开始之前，他们的行为和发展与一般儿童一模一样。第一阶段时，孩子的头壳发展会很明显的变慢。一般来说，在六到十八个月当中婴儿都会抵达某些发展的里程碑，像是爬动、坐下、和试着站立，但是在这段时间当中，雷特氏症儿童反而会停止学习新的能力，这个阶段会持续几个月。由于在症状开始之前婴儿曾经学习过新的能力，这个停止学习的第一阶段症状十分难诊断。

第二阶段是在九个月到四岁（特别是九到十二个月）的那段时间里开始，这个阶段可能会持续几周到几个月的时间，而症状有可能是突发或逐渐的浮现，这是逆向发展非常严重的阶段。一般来说，儿童的双手能力和语言能力都会逐渐消失，拍手、扭手等重复行为则会变的比较寻常，偶尔孩子会呼吸不正常到暂停呼吸或换气过度的情形，孩子的动作也会有明显的困难。在这段时间，孩子头部发展会明显的减缓，比第一阶段还要更严重。

第三阶段一般都发生在孩子两岁到十岁之间但是也有可能持续许多年甚至一辈子这个阶段又叫作「稳定阶段（Plateau Stage）」或「疑似固定阶段（Pseudo-Stationary Stage）」。孩子的问题像是癫痫、失用症（Apraxia）一种使孩子即使身体能够并且心里想要做一件事但是无法执行的精神疾病）和身体机能问题都会在这段时间更加明显。虽然如此，孩子的行为也会在这段时间进步，哭闹的频率会明显的减少，社交的行为会比较的普遍，而类似自闭症的行为也会逐渐消失。孩子的发展上会在这个阶段有些许的进展，例如更集中的注意力或对周遭环境感兴趣等等改变，语言能力可能会在这个阶段逐渐恢复正常。大部分的女生都会在这个阶段当中稳定下来但是大部分的男生都不会抵达这个阶段。

雷特氏症的最后一个阶段是所谓的「晚期机能退化阶段（Late Motor Deterioration Stage）」，一般都是在十岁以后才会进入的一个长达许多年的阶段。动作失能的现象是这个阶段的特征。虽然很少会有女孩失去认知、沟通或使用手的能力，双手反复的动作也会开始减少而且视线也会开始集中，但是孩子的行动能力会在这个阶段受到许多限制，身体会有不正常的站姿而且脊柱会侧凸，曾经会走路的女孩可能会因此而丧失跨步的能力。因为在这个阶段女孩的肌肉会逐渐萎缩而她的身躯会慢慢僵硬，抵达这个阶段的女生恐怕会一辈子都处于这种状态之下。

大多数去世的雷特氏症患者都是非常突然的死亡，而常常医生都无法推理出患者的死因，胃穿孔、癫痫、心脏病发作等等都有可能是死因。虽然许多患有雷特氏症的女孩都会早逝，但是整体来说，雷特氏症患者的寿命平均都在四十岁以上。

非常不幸地，雷特氏症并没有痊愈的治疗方法，虽然如此，仍然有许多令人期待的研究正在进行。市面上有许多不同的疗程，但是大部分的疗程都会专注在增强语言沟通能力，他们都会建议使用扩大性沟通系统（Augmentative Communication Systems）来进行加强。政府应该让雷特氏症儿童都能够取得适当的职业疗法、语言辅导、以及物理治疗等等服务。

雷特氏症是一辈子的残障，父母以及医疗人员们都必须了解这种症状所要求的付出，熟悉雷特氏症的每一个阶段、参加专家研讨会、阅读最新的研究、以及寻找正确的政府机关来帮助您的孩子都是非常重要的事情。我希望您，身为一名家长，能够有无人能比的耐心。我也希望您可以对生命有更深的了解、为孩子尽心尽力的付出、并且拥有一颗永远不变的爱心。

儿童时期崩解症

儿童时期崩解症，亦称为海勒综合症（Heller's Syndrome）是一种在童年晚期出现的罕见病症，这种症状能够迟缓语言、社交、以及机动能力的发展。虽然儿童时期崩解症的确是一种，但是它和自闭症有许多不同，例如罹患年龄、症状的进展、以及后果。

这个复杂的障碍是在一九〇八年由奥地利教师汤姆士．凯勒（Thomas Heller）所发现的。一开始，医学家们认为儿童时期崩解症是一种身理失调疾病，因此这种疾病应该有一些可以侦测到的病因，但是在许多研究之后，他们仍然无法找到任何会造成儿童时期崩解症的生理或精神因素，儿童时期崩解症就因此被列为一种广泛性发展障碍。

患有儿童时期崩解症的儿童都会先正常的发展，但是在两岁到十岁之间，孩子会突然开始退化。这种退化的过程可能会是突然的或逐渐的，但是不管速度如何，这个过程都会有许多征兆。一般来说，儿童会至少开始失去这四种主要能力的其中两种：语言能力，会意能力、社交与自我照顾能力，和玩耍与机动能力。除此之外，孩子也会失去两种其它的行为，包括与社会互动的能力，沟通的能力、和孩子习惯的举止、兴趣以及活动。

虽然医学界仍然不知道儿童时期崩解症的病因，最近的研究显示儿童时期崩解症的病因应该和脑部的神经生物因素有关因为大约百分之五十的儿童时期崩解症儿童都有异常的脑动电流图。除此之外，儿童时期崩解症也会造成精神发作，虽然目前的研究并未证实儿童时期崩解症是否会造成癫痫，但是和一般的儿童相较之下，患有儿童时期崩解症儿童比较有可能会有癫痫。由于儿童时期崩解症是一种极罕见的障碍，能够研究的人数也寥寥无几，因此这方面的研究都比较困难进行。

儿童时期崩解症也时常和其它的疾病有所关联　包括·脂质贮积病（一种会造成脑部以及神经系统囤积有害脂肪的疾病）　亚急性硬化性全脑炎（一种会造成长期脑部发炎的疾病）　以及结节性硬化症（一种遗传疾病）。儿童儿童时期崩解症的发生频率大约是十万分之一，但是最近的研究显示这个障碍的被诊断人数比实际上拥有儿童时期崩解症的人数还要少。原本医学界认为这种障碍发生的频率并不会因为性别而有任何的不同，但是最近的研究显示这个观念并不正确，儿童时期崩解症和自闭症一样，男孩和女孩的罹患比例都大约是四比一。

评估与诊断

一般来说　孩子都是在父母注意到他失去原有的技能时才会被正确诊断为儿童时期崩解症。医生一开始可能会先试着进行一些医学健康检查来排除癫痫或其它的疾病　医生有可能会利用头部X光扫瞄来排除脑震荡以及脑肿瘤等问题。这可能会是一个十分困难的漫长过程　而这个过程常常都会包括精神检测、遗传咨询、语言沟通测试、铅含量抽血检验、听力检测和视觉检查。这当中最重要的应该是医生一系列的发展测验，包括粗动作测验、精细动作测验、知感测验、玩耍观察、自我照顾评估，和认知技能测验。一群专业人员将会试着排除其它所有的可能直到他们同意你的孩子的确有儿童时期崩解症为止。

医学界并没有任何能够痊愈儿童时期崩解症的疗法，他们也没有任何专门治疗儿童时期崩解症的处方。虽然如此，能够让患有儿童时期崩解症的孩子得到相关的教育机会是一件非常重要的事，这不止包括教室里的指导，这更要求父母们要去争取机会让他们的孩子能够得到适当的行为治疗并且取得一名心理学家、言语治疗专家、物理治疗专家、以及职能治疗师的帮助。不管是家长、照护提供者、老师、或辅导人员都必须切记每一个人都是帮助孩子团队里的成员之一，因此如果任何一个人有注意到任何的变化，他必须迅速的告诉其它的成员。

非常不幸地，儿童时期崩解症患者都会有比自闭症患者更差的结果。由于孩子将会失去语言、认知、社交以及自我照顾的能力，这种障碍将会是一种永久的残障，大部分的儿童时期崩解症患者都会被安置于一个团体家庭或一所长期赡养机构。

有些家庭会尝试利用替代医学疗法来当作一般医学疗程的补充疗法，这可能包括利用特殊的饮食习惯、维他命、以及矿物质等因素来做补充。有些父母会试着从替代疗法当中寻找能够使孩子完全康复的疗程，但是我必须提醒父母们儿童时期崩解症和自闭症一样都没有痊愈的方法。这是一个令人无法接受的事实，因此父母们应该多花一点时间去适应和接受这个冲击，并且在之后了解他们的孩子是一个在许多方面都很特殊的孩子。

结论

所有的广泛性发展障碍当中都有许多共同的问题，而这些问题的基础似乎都是医学界对这些障碍的陌生以及不足够的研究所延伸而来的。虽然如此，我们已经知道早期的诊断是很重要的，而且一个个人化的教育对孩子未来的发展有很大的影响，由于这些障碍都是最近才发现的，我们对这些障碍的所知已经证明研究人员们都不断的有新的发现。虽然今天我们仍然没有足够的答案，但是在二十四小时之后的明天，新的研究将有可能会给我们一个不同的结论。

第七章 杰里 沉重的负担

在杰里（Jerry）加入我的教室之前，我的主管已经找我谈过这个孩子的背景，他告诉我这个五岁的男孩来自一个黑名单家庭（基本上代表他父母的要求非常高，而且他们也非常的不配合，他们因常常造成问题而恶名昭彰），除此之外，孩子也需要一个有结构的教室环境。当我的主管告诉我这是他将杰里放在我的教室的原因，我把他的安排当作是对我的应变能力有所肯定，我非常喜欢他对我的信赖。

杰里大概在三岁左右被诊断为自闭症儿童，他马上开始在幼儿园的特殊教育班级上课，由于他的行为异常，他的老师感觉他非常不配合，也因此认为他是无法教导的学生。据我所知，杰里的父母认为一切都是老师的错，他父亲对老师怒吼不只一次，由于这些事故，学校便派一名助教去整天跟随杰里。另外一方面，虽然学校认为杰里的父母对他十分支持，但是他母亲的支持却离谱到每天都到班上旁观的地步，她总是毫不犹豫的对许多上课程序发表意见或疑问，她也总是毫不犹豫地批评教职人员的教法，理所当然地，老师和教职人员们都非常不喜欢她在教室旁观。

有些父母想问：为什么一名老师会认为他们人在教室里是在帮倒忙？对这个问题我有许多答复。一般来说，当家长出席时，孩子较不会显示出正常的表现，他们也会比较不愿意合作，这些行为会因此而迟缓成长。一般来说，一个好老师都会有尝试不同的教学方法，虽然父母们可能无法了解或甚至不喜欢某种教学模式，新的教学模式有时能够帮助孩子进步。除此之外，教室里的家长们也有可能侵犯其它孩子的隐私权，这些父母在学校里很容易就能听到教职人员们讨论某个孩子的事情，他们也能够观察其它孩子的言行举止，这些都不是那名家长应该知道的信息。我总是会邀请家长们来旁听一个小时、一个早上、或一个下午因为这代表他们的确非常关心他们的小孩，但是当一名家长每天都到我的教室旁观十几个小时的时候，这代表他并不信任老师或其它教职人员。

所以当我的主管告诉我杰里妈妈之前的行为时，我很客气地告诉他这种行为是我无法通融的，他赞同我的观点并且告诉我他非常支持我的决定。

由于杰里的第一所学校是一所每日行程较短的公立学校，为了让他适应我们较长的每日行程，我们决定帮杰里制造一个个人日程表，从他原来的上学习惯，慢慢地每天增加上课的时间，直到他能够适应我们的日程为止。

杰里在我班上最初的两周

上学第一天，杰里的父母陪着他来到学校。他的父亲有一个非常庞大的身躯，他的母亲虽然有点过重但是看起来比较健康，他父亲在几句话之后很快地解释他以前是一个橄榄球队的球员，因此他一值都有一个「壮大」的体格。由于我知道这名男子是个职业护士，我有点惊讶他不只对自己的体重不以为然，他甚至在我没有询问的情况下自动解释他的特殊体格。另外一方面，我也有一点担心父母对他的行为，他们一直不停的在他身边拥抱和亲吻他，我担心这种溺爱会使杰里在父母离开时无法适应没有父母的教学环境。注意到这个情形，我决定上前告诉他们下课接杰里的时间，我一边微笑着，一边试着让他们放心把杰里交给我们照顾。他们对我的话半信半疑，但是他们仍然开始往校门走去，突然间杰里开始大声哭闹，我记得这是我有生以来所听过的五岁小孩哭闹当中最大声的一次。母亲开始一边观察着他的儿子一边倒着往校门走去，杰里伸出双手像是在拜托他母亲不要走。我走到父母身边告诉他们杰里将会在一段时间之后调整他的行为，但是如果他们不走的话杰里将会保持他现在的行为。我无法推测他们当时的脸色是好是坏，但是在我的劝说之下，他们便驶离了学校。

半个小时之后，杰里的母亲打电话来学校询问她儿子适应的怎么样，我根本完全不用回答因为杰里的哭声很明确地回答了她的问题。我试着在电话上跟她保证在一段间之后杰里便会安静下来。

接下来的几天，杰里仍然持续的在教室里大哭大闹。几天之后，班上其中一名专业辅导人员告诉我她去年有在杰里以前的学校工作，她说杰里的行为跟以前一模一样。当我告诉他杰里将会在一段时间之后安定下来时，她给了我一个未被说服的眼神，但是他仍然鼓励我说：「希望是如此：」。这名专业辅导人员也在这时告诉我，当时我不让父母旁观的抉择十分正确。

在杰里最初的两个礼拜，我亲自找时间和杰里进行一对一的教学。我注意到除了食物和玩具之外，其它的东西似乎都无法使杰里集中精神，他的眼神几乎都不会和我的眼神交会，而他喜欢的活动则少之又少。他时常用双手将桌子上的作业全部都堆到地上去，虽然如此，我的纪录当中发现他在这段时间渐渐学会坐在椅子上，每天他所能够坐下的时间都渐渐地增加。

有一天，他的表现突然进入一个新的领域。以前我试过的所有方法都没有任何的效果，突然在这两个礼拜当中的其中一天我将一面五呎高的镜子摆在杰里旁边，他马上开始观察那面镜子。在一段时间之后他便开始微笑并且显示出前所未见的个性。我在注意到他的改变之后跑去拿我们教室里的一个帽子给他，他马上戴上帽子并且开始对镜子里的杰里发出声音，虽然我无法了解他所说的话，但是我非常高兴他对镜子感到兴趣。

我坐在杰里和镜子的旁边一阵子后开始注意到附近的教职人员也对这个突然的改变感到高兴，从隔天开始，杰里越来越少哭闹。

虽然杰里的哭闹渐渐的不见，但是他有时会在没有拿到他要的东西、过度疲惫、或有无法表达的想法时开始闹脾气。即使有这些情况，整体来说，杰里的哭闹已经少了许多。

杰里的哭闹方法也有些许的改变，他以前只会大哭大喊，在那时他便开始有跺脚的行为，之后他更学会将他自己往地上摔，这些动作在他拿不到想要吃的食物时特别的严重。

杰里无法控制的体重

杰里的体重令我非常担心，他是我所辅导的学生当中最小的自闭症儿童，因此我认为纠正他的饮食习惯是一件必须做的事。当我带杰里去护士的办公室量体重时，我发现这个五岁小孩竟然重达一百四十七磅！护士和区域代表都和我一样对杰里的体重感到的忧虑，因此我们决定找杰里的父母讨论这件事。

在来到会谈两个礼拜之前，我请杰里的母亲开始每天纪录杰里所吃的食物，在开会当天，除了杰里的父亲以外（他当天要工作），所有关心杰里的人都有到场。身为杰里的老师，我先开始讲解我对杰里体重的忧心，我非常明白地解释：虽然杰里的年纪还小，但是过重仍然有可能会造成糖尿病或心血管疾病等等健康问题。

在场的所有人都非常支持我的看法　母亲认为杰里的饮食习惯是他父亲所造成的　她说父亲都会让杰里在任何时刻吃任何东西　曾经有一次，父亲和杰里在看电视时一起吃掉一加仑的冰淇淋。

虽然母亲看似十分支持我们的任务　但是当我们读完她在过去两个星期当中所记录的食物日记时　我们并没有发现任何一样足使杰里的体重暴增的食物。护士非常纳闷地问母亲：「杰里有没有可能吃一些其它没有被记录的食物？可能连母亲都不知道的食物？」杰里的母亲认为这很有可能，但是她也告诉我们她已经尽她所能地去纪录她所注意到杰里吃的食物了。

在母亲离去以后　剩下来的人都感觉母亲好像没有帮到什么忙　除此之外　她较保守的表现总让人觉得她并不像是想要合作的样子，而他从计算机印出来的纪录表也令人十分怀疑。

接下来的两年半当中　我都一直试着纠正杰里的饮食习惯　我都有持续注意他的体重　而且每个月我

都会定时将他的健康报告传给学校的护士以及杰里的父母。虽然我非常拼命，但是杰里的健康仍然持续恶化，这两年半里，杰里的体重只有在少数的几个月当中有保持或甚至些许减少的情形。

杰里不断增加的体重也造成了不少麻烦，在他离开学校的前几个月当中，他已经重到教职人员们都无法制服他的地步。许多女助教们都纷纷向我抱怨，说她们无法照顾杰里因为她们根本动不了他。当杰里在地上大哭大闹时，连较壮的助教都需要使出全身的力量才能将他扶起来。当杰里在三年后离开学校时，还没八岁的他已经重达两百五十磅。

新的探险：杰里第一次搭公交车

每个小孩都有一个个别化教育计划，这些计划都会详细列出孩子目标以及在学校里所得到的服务，它也会解释为什么那些服务能够帮助孩子。杰里的个别化教育计划当中有许多目标，其中一项是让杰里学会如何搭公交车上学，虽然父亲非常支持这个计划，但是母亲打死也不愿意让杰里一个人搭公交车，她非常担心杰里的安全。我不断地向母亲保证公交车的安全性，我告诉他这些巴士司机都是专门载特殊教育学生的专业人员。起初，母亲仍然无法放心，她甚至试着应征学校护士的职缺，想藉此解决杰里的交通问题，这个抉择只把整件事闹的更大。

幸好，在面试驾驶并且得知他并没有任何的车祸或违法纪录之后，母亲终于让杰里尝试搭车上学。一开始，杰里并不习惯这个变化，但是在一段间之后，他开始渐渐适应搭巴士的感觉，最后他甚至开始享受每天搭巴士的时光。对杰里的父母而言，这整个过程是一个非常大的成就，因为这是杰里第一次独自与陌生人搭车的经验。

一个非常大的惊喜

在杰里成功搭车上学之后的周一早上，我接到一通母亲打来的电话，她留言请我打电话给她。在我回电时，她说由于父亲今天早上已经搬到好莱坞去，所以杰里今天可能会无法专心，甚至困惑

听到这个消息的我非常惊讶！我根本不知道他父亲有搬家的打算，对我来说，父亲再次辞掉工作并且往南搬四百哩的动作非常奇怪，更令我不可思议的是，母亲似乎对这个突发完全没有任何的反应。母亲

说父亲并没有在事前讨论任何关于搬家的事情，他在好莱坞并没有任何的工作，搬家是他突然决定的。我无法了解这个决择，与母亲对过话之后，我认为她有刻意隐瞒一些事情。

一个礼拜后的礼拜五，杰里的母亲和姊姊亲自来到我的教室。

杰里的姊姊是一位非常温和的高中生，当杰里刚来到我的教室时，她正在附近的一所高中读高一，她是一名非常聪明的女孩，她非常爱护家人，尤其是弟弟杰里（即使杰里的父亲是她的继父），很不幸地，姊姊跟弟弟一样有饮食上的问题，这次她很明显地比上次看到她时还要胖许多。在一段对话之后，我得知父亲今晚将会很晚回家，他也将在周日再度回到好莱坞，姊姊似乎表明了她宁愿父亲不再回家，母亲也突然开始开怀大笑。

几周之后，我听说父亲在好莱坞认识了一个女人，当时父亲搬去好莱坞的时候就是为了她，现在他们正在当地的一间汽车旅馆同居。我可以感觉到母亲的悲哀，但是她仍然试着将这件事当作一件好事。事发之后，母亲仍然继续她的职业训练，而杰里也仍然继续他的教育。

杰里有一个非常讨人喜欢的个性。他非常喜爱做鬼脸、扭动身体、发出奇怪的声音、和用口水吹泡泡等等行为，有时他也会突然间开始大笑。学期中时，我和母亲成功地让杰里克服对巴士的恐惧，他开始每天搭公交车上下学，他也开始每天参与我们学校的散步活动。除此之外，他的成长也可以在教室里察觉，他渐渐能够开始安静的坐在椅子上上课，虽然他还是偶尔会跳起来并且跑向外面的游乐场，但是在我们抓到他的时候，他会开始大笑，使得教职人员也会跟他一起开怀大笑。虽然他仍然会三不五时的哭闹，但是整体来说这种事情的频率已经减少许多了。这种成长会在接下来的两个月当中持续的进行。

杰里的新发现：游乐场和新的行为

当我们带学生们去学校户内的游乐场或户外的攀爬设施玩乐时，助教们都对杰里又敏捷又优雅的行动方式感到十分的不可思议。虽然他有时会躺在游乐场里的滑板上滑来滑去，但是在任何其它时间，他总是不费吹灰之力便能够快速的进出隧道、平衡于细小的木板、跳上弹簧垫和将荡秋千荡的很高，在帕洛斯佛迪斯的校园当中，他是少数身手如此灵敏的学生，虽然他的确过胖，但是他怀有那种不可思议的手脚协调能力。不久之后，他便开始想要随时都在游乐场里玩耍，因此现在他离开教室不只会跑去教室的后院，他也开始有往游乐场方向跑去的行为。

起初，我们并没有把这个行为列为一个问题，但是当这个行为的频率渐渐增加时，我决定招开一个会议来讨论这个行为，我邀请了学校所有的辅导人员来确定我们都有注意到相同的问题。我认为杰里的「逃离教室」行为是我所造成的，起初我认为他的行为非常有趣，因此我在当时决定通融他的行为，但是现在他的行为已经成为一个严重的问题。我们在会议中讨论了许多种对策。虽然我已经在这个帕洛斯佛迪斯校园当中任教许多年，我在这场会议当中发现教室的前后门竟然都可以安装新的安全锁！在与我的主管谈论关于安装安全锁的可能之后，他马上请我们学校的工友当日去我的教室安装。为了不让杰里有机可趁，例如当助教忘记锁门的时候、当我们偶尔要开门通风的时候、或当有人来教室拜访的时候，我们决定将杰里的桌子移到教室的后方。我认为这将会迫使杰里花更多的时间从他的桌子跑到门口，我希望在这段时间当中助教们能够顺利的制服杰里，避免他跑出教室。

隔天，我们便已经准备好对付杰里的调皮捣蛋。他在第一次试着冲出教室时发现门竟然是锁着的！虽然他开始哈哈大笑，但是他仍然遵守我的指令并且回到他的座位去，这种事情在上锁后的第一天当中发生了许多次。接下来的几天当中，杰里便开始渐渐的注意到安全锁的奥秘，他开始紧盯着门，并且在任何人打开安全锁时从他的座位使劲的往门冲去。我决定用三面墙壁将杰里围住，防止他对门的注视，这个方法很有效的减少杰里「逃离教室」的频率，但是他仍然在少数几个场合当中成功的逃离教室。

杰里在教室里的最后一年

杰里的母亲仍然时常的来到我的教室关心。由于她非常满意杰里这几年的成长，而且每次都抱着真心想要来关心教职人员们的态度，她时常的拜访总是非常愉快。在许多的拜访当中，她都会带小小的点心来给教职人员们吃，另外也有几次她亲手煮了一整桌的菲律宾料理来给教职人员们享用。杰里的姊姊也对杰里的成长十分高兴。在这段时间当中，杰里的母亲都有很仔细的监控他的饮食习惯并且每晚带他去散步，因此杰里的体重也日渐下滑。她全心全意帮助杰里减重的决心是在我告诉她我的观察之后所产生的，我告诉她杰里总是在些许不费力的活动之后喘不过气来，而当他躺在地上时，他的体重也会造成他爬起来有许多的困难。她告诉我当杰里的父亲不在时，杰里的减重计划总是比较成功，但是当他父亲每周五回家时，杰里的饮食习惯又会变回原本的样子。

许多月后，杰里的父亲突然间决定搬回家住，他也开始时常的来到我的教室拜访，他总是会夸赞教职人员们的用心因为他也注意到杰里这段时间当中的成长。除此之外，他也会控出时间来参加学校办的活动以及教室里的派对，他对杰里的爱护以及忠诚十分的令人敬佩，但是我始终仍然无法说服他杰里的体重有害他的身体健康。他父亲总是打发这个念头，说杰里因为遗传到他庞大的骨架才会这么大，我从来没有成功的说服他面对肥胖的事实。

有一天，在杰里第三年的春天时，他的父母带他到学校来上课。我请玛莉莎·本内特和杰里待在教室里，我则带领其它的教职人员去校车迎接其它的学生。当我一踏出门，我便听到马莉莎使用生气的口气与杰里的父母沟通，一件从未发生的事情，我回首看到她与杰里的母亲正在讲话。当我继续的沿着走廊行走时，杰里的父亲突然愤怒的喊了我的名字，他的语气也有一点失常，我大声的喊说我们人手不足（当天有一名辅导人员请假）因此我待会会再回来再来处理他的困扰。当我抵达校外时，我告诉哼利．李奥我有一点担心教室里有可能正在发生的事情，在很短的几句话之后，我们决定他能够控制外面所发生的任何事情，而我则能够因此回教室解除危机。

当我回到教室时，玛莉萨已经远离杰里的父母而站在教室的另一端，我感觉情况不对劲而顺口的问了一句：「发生什么事了？」满脸泪水的玛莉莎大喊说杰里的父亲大力的推了她一下，差一点害她摔到地上，很显然地，玛莉莎仍然心神未定，我便请玛莉萨陪我到教室外面，同时也请杰里的父母暂时在教室里陪伴杰里。我在这时跑去找我的主管（学校刚聘请的主管）并且在解释事发过程后请她马上来到我的教室。

我从来没有面对过这种事情 当我身为一个私立学校的校长时 我曾经有被威胁过几次 但是因为当时我有所有的权利来做所有的决定，当年的事故根本无法与今天的遭遇相比。

我和我的主管迅速的走到我的教室去 我可以很明显的看见父亲脸上的愤怒以及母亲脸上的焦虑 我的主管很正经的请他们来到她的办公室。在这时，所有的儿童都已经抵达教室了，我告诉亨瑞我必须参加这个会议，亨瑞则请我放心赶快去。在离开教室之前，我和玛莉莎有了一段非常短暂的对话以便得知到底发生了什么事，她告诉我她当时正与杰里的母亲在对话而杰里则打开教室里的电视，她在注意到这个行为之后便伸手把电视关掉 因为校规规定在校时间不准看电视而且儿童们不准亲自打开学校的电视。父亲认为玛莉莎的行为十分无礼，开口骂了她一顿并且伸手推了她一下。

我紧接着赶去主管的临时会议，杰里的父亲也告诉我们一个非常相似的情形 但是他坚决否认动手推人，他说他有碰到玛莉莎但是他没有推她。在这场会议结束之前，杰里的父亲要求玛莉莎已后不准辅导杰里。我心里知道这个要求十分难以执行，因为所有的教职人员都有和所有的学生互动，如果我们看到一个儿童表现出不佳的行为，我们都会很自然的上前阻止，父亲的要求将会使玛莉莎无法进行这种纠正的动作。

我在放学后与玛莉莎的谈话当中发现他非常害怕杰里的父亲，由于她住在杰里家附近，她非常害怕父亲将会在校外对她造成威胁。在我回家之后，我的电话语音信箱有一通杰里父亲所留的留言，留言当中他非常生气，并且列出了更多的要求。我感觉十分为难，但是我最终决定我只担心杰里的发展，玛莉莎也将会有我所有的支持。

隔天我得知一百磅以下的玛莉莎已经到警察局对将近四百磅的父亲申请了一个保护令，我的主管对玛莉莎的行为感到十分不高兴，当我再次聆听杰里父亲给我的留言并且回答一些警察们所问的问题之后，我便了解为什么他当时那么生气。

接下来的几天十分的慌乱，我的主管将杰里安置于另一所学校因为玛莉莎不准杰里的父亲接近她，而杰里的父亲也相对的禁止玛莉莎与杰里互动。这对我来说是一个非常大的打击，我在这几年当中亲眼目睹杰里不可思议的进展，事到如今他则因这场风波而被调离我的教室。

警察们都有来到我的教室询问许多的教职人员，包括蕾拉纳．袙阔尔 蕾拉纳当时在场并且证实了玛莉莎将近被推倒的的陈述。我当天也得知玛莉莎、蕾拉纳、我的主管和我都要到法庭作证因为玛莉莎申请了一个永久保护令。我从来没有遇过这种事⋯

虽然我在这段期间有和杰里的母亲谈过几次关于她儿子的话，我们的律师（地方政府所支派的）劝告我不要再与对方有任何的沟通。我已经对失去杰里这件事感到十分伤心，而现在我连和他父母沟通的机会都没有了。

法院是一个极糟的经验。我在那一天之前从来没有在证人席上坐过。法官是一名一心只想快点回家、脾气也很暴躁的中年男子，当我们的律师开始述说问题时，法官则打断他许多次，并且宣告某些声明是与这个案子无关的。突然间，我们的律师便在法庭中投下了一颗震撼弹：原来杰里的父亲已经有另外十三个针对他的保护令。在场的四个教职人员都十分惊讶。

我认为我们四个都在证人席上坐了一个不错的声明，但是当律师们问我任何问题时，我的回答都对杰里的父亲不利。我心里想着，我已经辅导杰里将近三年的时间，我非常了解他，也亲眼目睹他所有的成长，但是我也知道我再也不会成为他生活当中的一部份。

最后，法官决定将核准玛莉莎所申请的保护令。当我们离开法庭时，我感觉到杰里父母鄙视的眼光正注视着我。杰里在事后被迁到附近的另一所学校并且就读了将近一年，由于我和他新的老师很熟，我都有在每个月的教职员会议当中关心杰里的近况，她总是告诉我杰里的发展十分的缓慢，而他的体重则不停的增加。

有一天，在完全没有任何的预警之下，我得知杰里一家人突然搬离洛杉矶，我从那一天起便再也没有听到任何关于他们的消息。

第八章 未来的钥匙 孩子的个别化教育计划

美国残障人教育法案

特殊教育资金和老师都会因你居住的地方而有所不同，你的孩子将会被安置于附近学区所指定的特殊教育班级里。由于美国残障人教育法案（Individuals with Disabilities Education Act）的关系，附近的学区都必须将你的孩子安排于一个「最低限制环境（Least Restrictive Environment）」的教室当中，这代表学区的主管们必须事先和父母讨论过，之后他们才能够决定将孩子放入特殊教育班级或一般普通班级。身为一名自闭症孩子的父母，详阅这个法案并且了解你身为父母所拥有的权力是一件非常重要的事，你越了解这个法案，孩子越能够得到他所需要的辅导服务。

为了让你更加了解美国残障人教育法案对你孩子教育的重要性，我们必须仔细探讨这个法案的细节。父母们必须知道这个法案有创造教育机会给三岁到二十一岁的孩子，美国残障人教育法案的服务特别针对八种不同的身心障碍，包括自闭症在内。虽然乍看之下，这个法案所给的补助似乎非常充裕，但是父母们必须了解有些时候学校会在某些情形之下决定你的孩子并不需要特殊教育，像是如果你的孩子是一名表现较正常的亚斯博格症患者。在这个时候，身为孩子发言人的父母必须去安排让孩子接受所需的特殊辅导，像是适应性物理治疗、语言辅导等等。有些时候，学区也会不同意父母对孩子所需而做的评估，在这个时候，不管你孩子的诊断是什么，你必须提供医生在孩子被诊断时所签写的书面证据，因此保存所有的书面证据是一件非常重要的事。如果你附近的学区仍然不同意你的要求并且反复的告诉你孩子并没有障碍，身为家长的你仍然可以将你的孩子列为美国残障人教育法案另外七种残障当中的其中一种，像是「其它健康障碍」。有些时候，一个学区可能会比较能够接受这种归类，因此而同意你的请求，这是因为他们其它的障碍都没有比自闭症更严重。

我必须在此重新强调保存书面证据的重要性，任何在未来有可能用到并且与孩子有关的书面收据都必须保存。

孩子的个别化教育计划

孩子的第一个个别化教育计划对父母来说都是一个非常可怕的经历，如果你的孩子在四岁以下，这个会谈将会被称为你们一家人的「个别化家庭服务计划（Individualized Family Service Plan）」。参加个别化教育计划会议的人数将会由许多不同的因素来做决定，打个比方，我所教过的其中一名学生曾经有十七名学区代表参加他的个别化教育计划会议。一般来说，学区都会派一名教师、一名个别化教育计划代表、和一名代表学区的人来到会议当中，有些时候如果学区认为这个会议可能会有什么问题时，他们可能会派出一整支队伍，其中包括学校的心理学家、许多不同的辅导专家等等。第一个会议非常重要，因为这个会议将会决定孩子是否符合接受特殊教育的条件。

在这个会议之前，你必须事先向相关机关询问你的孩子是否符合接受特殊教育的条件。

如果在会议当中你被告知孩子并不符合条件，你必须非常冷静地告诉他们孩子为什么需要这些服务。

在这个会议当中，你可能会想要找一名专业的代言人来帮你守护你的权益，像是一名专精残疾人士法的律师。但是在另一方面，学区代表可能会在注意到个别化教育计划会议里有一名律师时而认为你的情况并非正常，这可能会因此而造成麻烦，你必须好好衡量并且考虑律师的路线是否是最好的选择。一般来说，父母们在被拒绝服务的情况下仍然应该去参加个别化教育计划会议并且听听学区的看法，但是在会议结束时，父母们应该拒绝在孩子的计划上签名。

身为一名特殊教育老师，我总是强烈建议父母们不管多困难都一定要试着和学校的教职人员和平共处。当家长生气、怒骂、或过度苛求时，这些举止将会影响教职人员们对他的观感，而这些负面的情绪将会立刻对他们发出不必要的警讯。家长们必须切记所有的意见与看法都是可以在双方到场的正式场合当中发表，双方只要都保持一种温和并且开放的态度，一定可以在这种场合之下达到共识。

在你的孩子被拒绝学区的特殊教育服务之后，下一个步骤则是请学区帮你的孩子接受一个「独立教育评估（Independent Educational Evaluation）」，申请这种评估是孩子所拥有的权利。在提出申请之后，学区将会给你一系列的独立评估人员让你联络，你可以选择这当中任何一个人来帮你的孩子做独立教育评估。

在你的孩子成功的进入一个特殊教育班级之后，他将能够使用许多美国残障人教育法案所提供的服务。但是相对的，由于提供这些服务所需的资金十分有限，学区将会紧紧盯着辅导每个孩子的价格。因此，身为孩子代言人的你有一份很重要的工作，你必须确定孩子现有的服务都是最好的，另外一方面你也必须去争取你认为孩子真正需要的其它服务。

为了顺利完成你的任务，自我教育是非常重要的，你必须去了解学区提供的服务有哪些和学区的教育计划是什么，你也必须时常去更新你对孩子障碍的了解，以便决定哪一些服务最能够满足他的教育需求。记得常常做笔记，把所有的证据都记录起来以便未来争取权利时要用。

当你在为孩子的个别化教育计划会议做准备时，记得注意个别化教育计划当中的「目标与实践(Goals and Objectives)」项目，这些目标与实践方法都应该要试着满足你孩子独特的需求，而并非满足一般同龄自闭症孩子的需求。所有的目标都必须是非常详细、而且能够被明确测量的目标，除此之外，这些目标最好都能够在一年之内完成。虽然有时间限制，但是每个人都必须了解有些目标可以持续更新，打个比方，「数到十」可能会是一个早期的目标，下一个个别化教育计划可能会将「从十一数到二十五」和「加减十以下的数字」列为目标。当目标与实践方法顺利的成立之后，家长们应该常常去和老师确定孩子是否有依照安排的往目标前进，不要等到下一个个别化教育计划会议才发觉孩子只有达到一个、两个、或甚至没有达到任何的目标。如果你有持续的监视进展，你绝对不会遇到这种令人惊讶的事。

个别化教育计划的目标可以是任何能够促进学业上或生活上的发展而应该学会的能力。打个比方，如果你发现你的孩子无法正确的使用一只铅笔，你可能会将「学会使用铅笔」列为一个目标，这种情况下你也应该寻找物理治疗师来给孩子大概一个礼拜二十到三十分钟的一对一辅导。如果你发现孩子有咬字的问题或可能有语言障碍，你应该立刻去帮孩子争取能够和语言治疗专家一对一互动的机会。一般来说，由于老师会在个别化教育计划会议之前得知你的忧虑，他能够支持你的请求，任何学区都比较会同意老师所支持的安排，但是由于资金有限，学区有可能会对提出的辅导时间有意见。

一般来说，我都会在个别化教育计划会议之前邀请家长们来参加一个前个别化教育计划会议，我会在这个会议当中询问他们有哪些目标想要加入计划的「目标与实践」项目当中。如果他们无法到场，我都会打一通电话或发一封亲自写的信来讯问他们的意见，大部分的情况下我们都能够制造出所有人都能够接受的目标。

在会议里是否该签个别化教育计划仍然是一个令人议论纷纷的问题，由于个别化教育计划会议都过的很快，你在这个会议当中有可能会感到紧张或甚至迫不及待想要会议结束的感觉，尤其如果你是那种看到纸笔就会自动签字的人。你需要在会议前先决定你是否要在个别化教育计划上签名，避免会议中的压力迫使你做出令你后悔的事。切记：拒绝签名是你所拥有的权力，不管对方对给你什么理由或压力，这一切都是你的抉择。如果你不愿意立刻在计划上签名，你可以先回到没有压力的家中好好将整个个别化教育计划复习一遍再做决定，如果你有注意到任何的异常，你可以写一封正式的信告诉学区你希望更正的地方。你也有权力在个别化教育计划当中包括一个「家长附件（Parent Attachment）」来表达你对哪些计划项目有所不满、以及你对个别化教育计划里任何事情的立场，如果你在会议前已经知道你想要修正的细节，你也可以带着这个家长附件到个别化教育计划会议提供给在场人士参考，你也可以在这个家长附件当中写下你自己为孩子所设下的目标。

当你认为你已经熟悉了整个个别化教育计划的流程时，学区的代表们可能会介绍给你所谓的「实用行为评估（Functional Behavior Assessments）」或FBA，这个评估和孩子的行为有关。你有权力去请学区找一名专业人员来观察和分析孩子不良行为的来源，并且设计出一个计划来纠正这个行为。实用行为评估当中有一个「行为纠正计划（Behavior Intervention Plan）」，老师、助教、和其它的学校教职人员都会在辅导孩子时遵守这个写下来的计划。

身为一名老师，我必须警告家长们，个别化教育计划会议是一个对老师和家长们来说一样困难的一件事，这会议当中有可能会有些非常不愉快的争执。老师们都会想要支持家长们，因为这样能够间接的帮助孩子，但是在个别化教育计划会议前，老师的主管都会事先和老师与辅导人员们讨论手上的计划，因此一般来说，老师都已经知道哪些服务学区将会持续提供给孩子，相对的他们也会知道哪些服务将会被中断。虽然如此，身为孩子的家长和代言人，你仍然有权力和机会去争取更多能够帮助孩子的服务。

虽然我所主办的所有个别化教育计划会议当中，大部分都十分的友善，但是我也如履薄冰似地度过了几场可怕的会议。孩子的代言人，律师或任何争取孩子权利的人有时候会有过分的要求，有时也会不尊重学区的特殊教育安排。依我的个人观察，最大的争执都是在年幼孩童的个别化教育计划会议当中发生的，我认为这是因为父母都会比较强烈地去争取他们所要的服务。当我在辅导较大的儿童时，大部分的个别化教育计划都十分的温和，我认为这是因为家长会在孩子慢慢长大的过程中接受孩子的障碍并且了解老师与教职人员已经尽他们的所能来帮助他的孩子了。

开放给孩子的服务，药物、合法诉讼程序以及美国残障法案

你的孩子能够使用的服务非常广泛，最基本的包括语言治疗与听力辅助、心理辅导、物理治疗以及职能治疗，除此之外也有一些较不知名的服务能够帮助你的孩子，像是交通补助、学校医疗服务、娱乐疗法和暑期辅导班级。当你开始发现有些疗程常常都需要每周四十个小时的一对一教学时，你将会更了解为什么这些服务如此难争取，光是孩子的专业辅导人员每年可能就要价四万美金。

依美国残障人教育法案规定，不同年龄的孩子必须得到不同的服务，打个比方，「入社会辅导（Transition Services）」是专门提供给任何年满十六岁的儿童，这当中包括职业训练或任何其它技能训练来帮助孩子在成年时进入社会。「停留计划（Stay Put Program）」，如果申请通过的话，孩子能够停留在最后一个个别化教育计划所指定的教育计划当中。「补教（Compensatory Education）」是另外一个在孩子学习难度不正确时，孩子能够使用的一种服务。

你也应该了解二○○四年美国对残障人教育法案所做的修改，这些更修很明确地列出关于如何惩罚一

名特殊教育学生的相关规则（详细请洽 20 USC 1415 [k]）。

如果你和学区有任何无法和解的争执，你可以将你的不满交给调解会议或依合法诉讼程序处理。调解会议将会包括你、学区、以及一个中立的第三者，这名第三者将会聆听双方的意见，并且试着找出双方都能满意的结果，最后用白纸黑字写下这个决定并且请双方签署。如果采取合法诉讼程序的路线，你将会出席一场审讯。除了你和学区之外，审讯室里也会有一名作最后决定的听审官。由于这个过程和一般的法庭一样会有鉴定人、审问、反诘问等等事情发生，这可能是个十分麻烦的过程，除此之外，律师和其它相关的支出并不是一般家庭能够支付的。

你也应该熟悉美国残障法案（Americans with Disabilities Act）里的五○四条款，这是一项专门避免孩子受到不公平待遇的条款，这个条款将保护孩子参与校外教学以及其它学校活动的权力。我发现条款当中最珍贵的用处是要求校方必须配合孩子的方便，这可能代表孩子有使用特殊设备、沟通板、视力支持系统、语言互动学习软件或方便轮椅行动斜坡等权利。基本上美国残障法案将会确定你的孩子和其它孩子拥有相同能够参与学校活动的权力，如果孩子因为残障而无法参与，学校将会尽它所能来让孩子顺利参加。打个比方，如果孩子因为不能走路而无法参加活动，学校将会安装轮椅能够行走的斜坡来解决孩子的不便。

分班

依你孩子自闭症诊断的严重性，你将会有许多选择，这些包括在家自修、一般私立学校、专业私立学校、公立学校的自闭症支持教室、特殊需求班级、或衔接教室等等，学区的大小和资金的多寡将会决定可用的教室选择。

如果你决定最好的选择是在家自修，依孩子自闭症的严重性，你将有可能被其它家长视为圣人。这可能会是一个令人喘不过气的重担，因为照顾孩子将会成为一名家长的全日工作，虽然如此，越来越多家长仍然信心满满地选择这个路线。如果你决定在家自修，你将必须亲自去像学区争取孩子所需要的服务与辅导，即使你成功地说服了学区你也不一定会得到你所要求的服务。你必须了解，在家自修的选择将会迟缓孩子的社交能力，这是因为他将无法参加戏剧表演、校外教学、或生日派对等等学校所办的活动，但是另一方面你将能够有机会亲自教导你的孩子，借机鼓励他挑战他个人的极限，你也能够按照他的行为来调整每日的计划，像是如果孩子当日哭闹特别严重，你可以更改当天的上课时间。在家自修室一个非常重大的任务，因此我祝任何愿意挑战这个路线的家长们一路顺风。

一般私立学校与专业私立学校不同的地方在于他们招生的方法，一般私立学校会用它们一般招生的方法来决定孩子适不适合，因此对一个自闭症儿童的家长来说，要让校方认为孩子的确能够适应是一件十分困难的事情。即使价钱较贵了些，这是一个非常好的选择，因为一般的私立学校班级人数较少，因此老师比较能够注意孩子的发展。专业私立学校也是一个好选择，尤其如果他们是专门辅导自闭症儿童的私立学校，这就代表所有的教职人员都对自闭症有一定的了解和相关训练，这些学校也比较有可能会有住校的专业辅导人员和其它能够帮助孩子发展的人，我个人认为这种学校最适合患有亚斯博格症的孩子，但是相对的，这些学校每年的学费都要大约五万美金，虽然有时如果你的学区无法找到适合孩子的学校时，他们会给你补助学费的钱让孩子去读，但是这并不代表每个学区都一定会补助。虽然你可能认为这是一个完美的安排，但是你必须切记这种学校并不会让你的孩子有机会每天与正常的孩子互动，每天的计划也都会是为自闭症儿童所设计的。

公立学校有三种选择。公立学校的自闭症支持教室基本上是一个在公立学校里面的班级，这种班级的学生全部都是自闭症患者。另外一个选择是衔接教室，这种较是会将自闭症儿童与一般儿童放在同一个教室里，自闭症孩子将会有陪伴他的一对一助教（整天随行或每天几个小时）以及为他们的障碍而设计的教材。最后，许多学区也都有特殊需求班级，一般来说，这些教室的学生都会有严重的精神与学业问题，因此家长可能在把孩子放到这个教室前要先三思。不管最后的选择如何，家长们应该和学校预约许多不同的拜访时间来观察老师、学生以及孩子之间的互动来决定孩子适应的如何。

你所能选择的服务可能会依学区大小而受到限制，这并不代表你不应该去争取其它的机会，打个比方，如果学区说他们并不提供职能治疗，你必须告诉他们你的不满，并且解释为什么你希望学区可以找一名职能治疗师来帮助你的孩子。

在这时，当你的孩子顺利进入适合他的班级之后，你学到关于自闭症的辅导选择以及教室种类的事应该比你以前想象中的还要更多，很庆幸地，你将能够松一口气，因为你原先的目标已经达成了，孩子已经顺利的进入适合他的教室。虽然如此，你仍然必须了解照顾一个自闭症孩子是一个长期的负担，你仍然必须去更加了解自闭症的奥秘，你学的越多，未来的路将会比较简单和轻松。

如果你的孩子被安排在一间衔接教室，老师能够帮助孩子的能力可能比一般接受过特殊教育训练的教职人员还要差，有些时候你甚至会发现自己懂得比老师还要多。老师可能不知道能够帮助孩子的相关服务像是应用行为分析、应用语言行为训练、感官统合治疗，或自闭症及有沟通障碍儿童的治疗与教育等等。面对这种情形，如果我是一名家长，我会常常去拜访老师、提供给他关于这些服务的相关信息，并且请他在下个场合与我讨论这些服务是否适合我的孩子（最后的动作是为了确保老师的确有详细阅读我所提供的信息）。并不是所有的一般教育老师都准备好教导一名有特殊需求的孩子，身为一名家长，你必须确定你的孩子并没有在一个没有背景也不想了解如何帮助孩子的老师教室里浪费了一整年。但是如果你有遇到这种情形，你可以要求学区开一个个别化教育计划会议，借机更改孩子的教育发展计划。

如果你和孩子都非常幸运的话，你有可能可以找到理想中的老师，他将会满足孩子所有的教育需求并且还做出额外的付出。但是当孩子转到别的班级时，你会不自主地开始拿新的老师和旧的比较，当你看到新的老师并没有像以前的老师一样完善时，你会开始觉得新的老师并没有以前的好，或甚至新的老师没有以前的老师来的完备。我强力建议你保持客观，给新的老师多一点时间了解孩子。每个老师都有他自己的教法，因此新的老师可能会有一种你不熟悉的教学方法，你应该找他讨论你的忧虑而非批评他的教法，你将会非常惊讶有多少老师愿意聆听家长的意见以及向家长学习该如何处理某些特殊的情形。身为老师，我们想要尽我们所能帮助你的孩子，这的确是我们的工作，但是另一方面我们有一股发自内心想要帮助孩子成功的渴望。如果孩子的老师不理会你的请求，你可以将你的意见拿去和他的上司讨论，虽然这也是一条路，但是我建议你先试着和老师沟通，不要马上就跑去和他的主管理论。

特殊教育课程

了解自闭症与他相关的训练非常类似了解新的车款，每年都会有许多似乎比较好的新知识，虽然如此，这当中也有一些你应该去更加了解的基本课程，我并不推荐任何一种训练或教育课程因为我深深相信每个孩子都有它自己独特的发展方式，这种特色能够让许多有创意的课程都通通有效。即使如此，我仍然希望更深的介绍「自闭症及有沟通障碍儿童的治疗与教育」或TEACCH、应用行为分析、以及感官统合治疗。

TEACCH 教学模式是美国北卡罗来纳州大学在一九七○年代时所研发的，我曾经就职的圣马刁县教育部就是用这种教学模式，我个人也认为这种教模式有许多可圈可点的地方。虽然如此，我常常会利用其它课程的概念来加强TEACCH 的效能，当我认为TEACCH 没有激发出某些学生的潜能时，我也会尝试不同的教学模式。

我最喜欢TEACCH的一点是它非常有结构的特色（自闭症儿童非常需要结构），这个特色使得孩子的每个动作都能够有一个特定的工作地点，TEACCH也特别重视视觉学习。除此之外，由于每个学生都会在他的工作地点有一个自己的日程表，TEACCH也对非语文学习的学生非常有效。上学时，学生将会遵守图片的指示，因为他们能够预料到接下来会发生的事情，他们会感觉起来比较自在。打个比方，第一个图片可能会画有一个书包或午餐盒，孩子则会将他的书包以及午餐盒拿到教室里特定的地方并且将图片年在他的名字旁边（一般来说都是用维可牢年住）。孩子回到他的座位时会找到另一个图示，这常常会是一个画有厕所的图示，由于孩子才刚刚搭了一段很长的校车，上课前去上厕所能够避面上课时发生意外。接下来一整天孩子都会有类似这种遵守图示的行为，由于自闭症孩子容易对两件事之间的过渡时期感到不安，利用图示传达命令能够让孩子感觉比较自在。

TEACCH遵守自闭症的习性，这个教学模式的概念是：「自闭症患者有和我们不同的特征，但这并不代表他们的习性比较低等，优先对人，而非采用像是纠正以便容纳、训练个别行为教学、促进沟通等等哲学概论。」这种方法试着配合而非纠正自闭症的特征。TEACCH 是一种教学模式，但是它并非唯一的教学模式，我建议使用 TEACCH 的人也要对其他的教学方式保持一个开放的心态，因为有可能以下的两种教学模式对你的孩子更有效。

应用行为分析的基础理论认为正确的行为能够用科学原理来教导，正确行为是由语言以及日常生活当中的技能所引导出来的。这种教学模式利用一种奖励制度来纠正行为，奖励良好行为使其频率增加，而不受刺激的坏行为将会减少或甚至完全消失。美国医师总会报告说明：「三十年的研究显示应用行为分析能够很有效的减少不良行为并且增加沟通、学习、以及正确的社交行为。」

应用行为分析最常用的方式是个别行为训练教学，这种教学方式会将一个任务分解成最小的结构并且小心翼翼的教孩子每个结构。个别行为训练教学能够教孩子如何看着对方的眼睛或调整细机能动作等，每个课程都会先从最小的动作往较难的任务迈进。

感官统合治疗是由一名职能治疗师基于．艾尔丝博士（Jean Ayres）所研发的。艾尔丝博士的理论基于有些人的感官并不会正常的统合，因此自闭症儿童有可能会同时排斥身体接触但是喜欢玩需要运动的游戏。另外一个例子是极怪异的食物选择，我曾经交过一个只愿意吃白色食物的男孩两年的书，他喜欢吃香草冰淇淋、白饭、和其它白色的食物，但是他也排斥某些白色的食物，像是马铃薯。孩子也有可能会对高分贝的声音有极大的反应或在人群之中感到不自在。这些都是感官统合失常所造成的。

艾尔丝博士的理论认为我们的头脑都会整理感观所提供的信息来给我们使用，当它失常时，感官所提供的信息并不会正常的被统合。如果我们听到高分贝的声音，我们可能会皱皱眉头，但是对某些自闭症儿童来说，这种高分贝的声音能够使他们失去运作的能力，甚至造成某些不正常的反应。孩子也有可能无法表现出我们认为是正常的行为，如果家长上前去拥抱孩子，孩子可能会将家长推开，但是如果爸爸把孩子弄在地上搔痒，孩子可能会非常享受。

这种教学模式适合在家使用，它也常常可以在职能治疗师的指导下持续扩张使用范围。感官统合治疗的目标是满足孩子的感官需求，这可能包括让孩子坐在桌子旁，看他将手放入水盆里戏水。沙子则是另外一种孩子喜欢用受去触碰的材质，他们很喜欢沙子在手上流动的感觉。我个人最喜欢的感官刺激物品是刮胡膏，我总会将它喷在玻璃上然后看着孩子伸手去玩弄玻璃上的刮胡膏，他们会去移动它、闻它、有时甚至尝试吃它，直到所有的刮胡膏消失为止。在家使用这种教学模式的家长们可以发挥想象力，家中有许多能够满足孩子需求的物品，像是球、锅碗瓢盆、黏土、或外面的荡秋千等。由于身为家长的你应该最了解孩子，你应该能够很快地找到能够满足孩子的物品。

这世界上有许多其它能够帮助自闭症孩子的资源，包括专业的自闭症学校、语言课程、社交课程等等，父母们必须从这些资源当中选择适合孩子的课程，父母们也必须了解孩子会在这个教育过程当中逐渐进步。依孩子的能力、需求以及个性的不同，每年孩子都可能会制造不同的问题，尤其当他进入一个新的时期，像是离开幼儿园、进入小学的高年级、进入青春期、毕业国中或高中，这些时段难免都会有一些风波。即使如此，身为家长、老师、以及孩子代言人的你必须仍然确定孩子拿的到他所需要的资源。当你对个别化教育计划的流程了解的滚瓜烂熟时，你便已经准备好面对孩子未来的问题，你也将能够看到孩子所有的需求都会被逐一满足。我认为个别化教育计划就是打开特殊教育的金钥匙。

第九章 拉里 新的挑战

拉里（Larry）大概八岁的时候进入我的教室。在这之前的两年当中，教职人员们都有观察他在对面教室里的行为举止，我们知道他只有三种兴趣：食物、水、以及荡秋千。

教职人员们带领拉里进入新的教室

在开学之前，我事先邀请拉里的老师到教室来讨论拉里的个性、行为、喜好、以及厌恶等。我知道她的教学方式与我的教学方式天差地远，但是因为教导特殊教育学生是一件非常复杂的事，我并不会去批评其它老师的教学方式，我认为每个老师都会去利用自己认为最有效的方法去教导学生。我们之间最大的差异是在于「自闭症及有沟通障碍儿童的治疗与教育」或TEACCH 的使用方法，他的教学方式只会用TEACCH，我则会在适当的时候利用其它的教学模式来帮助孩子发展。

除了拉里自己会造成的问题，教职人员们也知道他的母亲也是一个相当麻烦的角色，她想要拉里在随时随地都能够做他想做的事，这和我重视结构的教学方式正好相反。我认为孩子的学习需要结构，这代表孩子必须遵守每日的计划表，这也代表孩子必须了解他的过失并且试着改善。

我和教职人员们发现拉里曾经被允许在戏水池或荡秋千浪费掉他在校的时间，基本上做他想要做的事。我表示我们必须试着教拉里如何遵守一个日程表，特别是我们所为他制造的日程表。虽然所有在场的人都知道这将是一件不简单的任务，但是教职人员们非常有自信的一致认同我的看法，我们全部都同意拉里未来必须要有结构。他们的鼓励给了我能够克服这个挑战的自信。

拉里的母亲

拉里的母亲几乎每天都要上十二个小时的班，除此之外，由于她的丈夫已经身体残障了几个月，她回家时也必须包办家事。虽然如此，母亲仍然每个礼拜会来到教室两三次帮拉里送他喜欢吃的食物，这些食物包括汤、洋芋片、蔬菜条等等。除此之外，她也会确定拉里身上有一瓶新鲜的辣椒酱，那个孩子喜欢在他所有吃的东西上洒辣椒酱。

前几个礼拜，母亲似乎非常高兴。她喜欢来观察拉里，有时候她也会找机会坐在拉里旁边陪读。但是一段时间之后，她的出席便开始阻碍我们进行拉里的日程表。

在这段期间，我注意到拉里的母亲总是会去找以前教室的两名女教职人员商谈，她们都是用西班牙语在沟通，因此我们完全不知道他们在商量什么，我们也不知道拉里的母亲得到的信息是否正确。突然有一天母亲非常生气地要求和我、我的主管、学校的心理学家、学校的语言治疗师，以及一名口译人员开会。我并不期待出席这场会议因为我知道这一定会很麻烦。

我们决定在心理学家的办公室开会。母亲先开始告诉我们她的不满，她不满意我们不让拉里去水池戏水、不让拉里去外面玩荡秋千、不给拉里她所送的食物等等。听完她的苦衷，在场的人都知道是以前教室的那两名女教职人员惹的祸，母亲所有的不满都是由她们而出。虽然我心里很不是滋味但是我一句话也没有说，幸好我们的语言治疗师杰基．安德森很冷静地告诉母亲她的办公室就在我的教室隔壁而且她也常常来到我的教室帮忙，依照他的观察，这一切都并非事实。杰基也向母亲解释我们想要教拉里遵守日程表的目标，我的主管也告诉母亲每个老师的教学方式都会有差异。

母亲很仔细的听口译人员的翻译，她也很专心的再只上写了一堆笔记。我的主管非常委婉地向她解释我们的日程表计划常常因为她不定时的出没而无法进行，后来的讨论当中，母亲同意在拜访时会保持在拉里的视线之外。

在会议之后，母亲的拜访很明显的减少，父亲开始送拉里的食物，而母亲只有在很长的一段时间之后才会来到教室拜访。但是母亲很明显的还是有从前教室的那两名女教职人员打听到错误的讯息，我后来得知她曾打电话给我的主管抱怨，当主管问她这个讯息是哪里来的时，她说是学校的两名女士告诉他的。有几次母亲会来到教室探访拉里，但是虽然拉里有看到她，拉里对她的存在并没有任何的情绪或反应，拉里对父亲也一样没有反应。当我每次看到这种情形时，我心里想这种不被孩子欢迎的感觉一定很痛苦。

拉里的团体家庭

在来到我的教室前一年，拉里就已经被安置在一个团体家庭当中。我们认为他适应的不错，但是我们没有任何的方式去证实这个认知，就如班上其它的同学，拉里非常少讲话。有一天，拉里的团体家庭邀请教室里的孩子以及教职人员来他们每个月所举办的生日庆祝，拉里的生日刚好就在那个月当中。

这个团体家庭是由一个菲律宾家庭所开的，这个家庭也有管理许多其它的团体家庭，他们的工作人员都对在场的所有人都非常友善。这个生日庆祝有如一场盛宴，许多其它团体家庭的工作人员都有到场，学校其中一个特殊教育班级有出席，拉里的父母也有到场。当天在后院里举办的庆祝刚好碰上晴朗的天气，午餐的食物非常爽口而整个庆祝非常的热闹，在场的孩子们也都玩的非常愉快。最有趣的一件事是平常不说话的拉里竟然自动的与团体家庭的工作人员以及他的父母互动，不像他在学校闷闷不乐的样子，他似乎在这里非常高兴。

拉里的肠胃消化问题

这几个月当中，拉里的行为越来越无法控制。有一天我们在教室里吃午餐，许多教职人员都纷纷的跑出去休息，剩下来的人就在教室里管学生。突然间，我经历了我教书生涯当中最麻烦的经历。学生们被分配到两个桌子，拉里的桌子有两名教职人员在看管，在另外一个桌子的我突然往拉里那边看去。

拉里很明显的在他的裤子里上了厕所，他突然间用他的右手将排泄物从裤子里那出来放在桌上。我很快的叫桌子旁的助教过去协助，我也亲自过去帮忙，但是在我们还来得急做任何事情之前，拉里隔壁的男孩便用手将排泄物腮到他的嘴里，拉里也在同时做了同样的事。闪电般的灵敏，在场的所有人都无法相信刚才发生了什么事。有一名教职人员马上带拉里去浴室冲洗，我则将另一名男孩带去保健室。当我解释事情的经过时，护士的口气似乎挾带着怒气，他无法相信我们竟然让这种事情发生。我很惊讶他竟然会认为我们会「让」这种事情发生，当然我们不愿意让这种事发生，她似忽并不了解自闭症儿童的反应速度有多快。

接下来的几个月我们都很仔细的观察拉里的一举一动，我们也开始注意到拉里肚子不舒服时的征兆。当我们认为他有可能会排便时，我们会立刻将他抓去厕所安置在马桶上，虽然他因此而学会在马桶上小便，但是我们并没有成功的教他在马桶上大便。

事后，拉里仍然有几次类似的情形，而且他总是试着在我们来得急反应之前把排泄物往嘴里塞，他也喜欢将排泄物抹在教室的墙壁上。有时候当我们成功的在事发前将他送到厕所去时，他会试着用手去玩马桶里的水。

水，水，到处都是水！

自从拉里在我的教室里学会如何打开莲蓬头之后，他便常常在教职人员还来不及制止他的时候跑到厕所里将莲蓬头打开。为了防止拉里某天不小心烫伤，我已经请工友将热水流量减少。除此之外，我们也在浴室外面上了锁，避免他随时跑进去开水。拉里对这些障碍感到十分不高兴，他会在每次注意到锁时开始大哭大闹。

拉里和他喜欢的水常常会造成些许的麻烦，当我们带学生去散步时，他总是会在注意到路边的洒水器时试着脱离队伍并且往洒水器跑去。他非常喜欢在洗手台让水慢慢的洗涤他的双手，他会用一只手把水举高，然后他会让手中的水流到另外一只手上。我们为拉里所制造的日程表当中都有计划让拉里每天都能玩到好几次水。当天气晴朗时，我们会让他在学校的戏水池里玩耍，当天气冷时，我们则有一个水迷宫可以让他使用。我们也有制造了一个能够让他戏水的工作项目，他能在一个桶子里移动、打捞、拍打水，他因此能够在不造成教室里淹水的情况下做他所喜欢做的事。水因此也变成了拉里每日活动里的中心。

更多的图示

拉里最讨厌「工作」的图示，光是教他如何在座位上坐好就花了好几个月。当他开始（并非完全）适应时，我们便让他从三种选择当中挑选他喜欢的作业。一开始他会用手将桌子上所有的东西扫到地板上去，在好的日子里，我们能够让他专心做大约五分钟的作业。拉里的日程表里包括去游乐场玩耍、吃点心、参加圆圈小组时间（在这段时间我们都会将拉里带到户外去因为他对音乐毫无兴趣而且他坐立难安的行为总是会影响其它学生）、戏水、做作业、吃午餐、去体育馆玩耍、以及搭巴士回家。每天我总是会因为他极少的行程而感到内疚，但是这对拉里来说已经是一个相当忙碌的行程。在写完作业之后，我们总是会让拉里去做他喜欢的事，像是玩水，荡秋千、或在非常特殊的情况下吃点心。

母亲再次拜访

几个月后，我的主管和拉里以前教室里的两名女教职人员解释拉里的个人计划是由一群人，包括我、学校的心理学家、以及拉里的语言治疗师在内，向心协力制造出来的。我们认为让拉里遵守一个固定的行程对他未来的人生有很大的帮助。但是，我认为在那之后，母亲仍然有和那两名女教职人员谈过话。有一天，母亲又跑到学校来，这次她跑去告诉学校的心理学家她并不喜欢计划里各式各样的课程，她只希望拉里可以快乐，因此她希望校方能够让拉里每天玩水，吃点心和荡秋千。心理学家试着解释为什么一个固定的行程如此的重要，如果拉里总是随心所欲，他将会变的更难控制，而未来他也更不可能会去参加像是特殊教育研讨会等等特殊教育课程。

接下来的学年当中，这个争执仍然持续着。身为一名尽责的老师，我无法让拉里在我的教室里为所欲为。我认为我们应该继续原先的计划，幸好我的主管以及学校的心理学家都同意我的看法也支持我的行动，虽然如此，母亲仍然常常来到学校陈情。对一名老师来说，让拉里做他想做的事是一件轻松简单的工作，但是那并不是一名老师的职责，老师的职责是去确定每个孩子都能够从一年的教育当中得到最多的收获，不管如何我坚持我一定要做到这一点。

新的IEP以及转学计划

当学年接近尾声时，我和其它的教职人员便开始为拉里的IEP会议做准备。为了制造出拉里能够实现的目标，我有分别的去和团体家庭的代表、母亲、以及学校的心理学家请教。在IEP会议之前我也有事先和母亲复习所有设立的目标，这个动作让整个会议顺利的进行，虽然一切都很顺利，我还是在一切结束之后感到无比的轻松。

在IEP完成之后，拉里的体格开始变的十分壮硕。依我的经验，许多自闭症孩子都会发展出这种力量，在不熟悉的情况之下，尤其是会造成恐惧的情况下，孩子总是会用这个力气来攻击他所视为敌人的人物。拉里就是这个样子。他的力气开始造成教职人员的困难，他开始到处乱跑，他也开始殴打其它的学生，他会攻击任何妨碍他去想去的地方或拿到想要的东西的人或物品。他仍然非常喜欢戏水、荡秋千以及吃食物。

接下来的一年当中，拉里转到另外一名老师的班级里，他排泄物问题的频率也渐渐增加。当他没有得到他想要的东西时，他的哭闹行为几乎无法控制，他开始显示出自残的习惯，他也开始对教职人员出手。那名老师、学校的心理学家，团体家庭的代表以及学校的主管常常开会来讨论拉里的情形，最终他们决定帕洛斯．佛迪斯并无法给予拉里适合的教室环境。当附近的私立学校有空缺时，拉里便被调到那所学校去。我只认识学校里的一个人，而从他口中我听说拉里的身体已经变的更强壮，而他的行为也越来越离谱。

我仍然有时会见到团体家庭里工作人员 我偶尔也会问他们拉里的情况 团体家庭里的菲律宾工作人员们总是笑嘻嘻的告诉我一件关于拉里的好事。幸好在拉里的团体家庭里 他的家人非常了解他的需求，他们也尽心尽力的每天满足那些需求。

第十章 接下来的旅程

每位自闭症孩子的家长应该去了解未来所能发生的事，未来所提供的选择，未来有哪些能够满足孩子需求的住宿安排、以及未来有哪些能够利用的课程资源。这是两个讨论如何筹备未来孩子长大成人所需的章节当中的第一个章节。

家长需要训练

在孩子早期进入学校时，家长就已经负责去了解许多相关的信息，为了让孩子的个别化教育计划达到最大的效果，父母两人都必须努力的去了解这些信息。除此之外，你也必须学会如何在家利用能够帮助孩子的教学模式，这可能包括图片交换沟通系统、应用行为分析，或地板时间（Floortime）等等教学模式。如果你的孩子有语言方面的迟缓，你可能需要去了解图片交换沟通系统或其它沟通系统的使用方法，成为学校语言治疗师的好朋友也是帮助孩子的一个好主意。

孩子也必须在家加强他在学校所学的课程，继续刚才的例子，如果孩子在学校使用图片交换沟通系统的话，你也应该在家使用相同的系统。除了了解系统的运作方式以外，你也必须去制造类似学校使用的板子以及图示。如果你的家庭要去外面吃饭，你可以拿外食的图示给孩子来帮他做准备，你也可能会拿厕所的图示请他去上厕所以及洗手的图示叮咛他在上完厕所之后务必洗手。使用同样的教学系统将会给孩子一种统一的学习经验，这种一致的特性对孩子的学习来说十分重要。使用同样的教学系统也可以促进家人、老师、以及教职人员们之间的合作，造成较少的压力以及困惑，尤其是从孩子的观点来看。

依学区的不同，有些学区可能会提供大量父母能够利用的家庭训练资源，我在圣马刁县教育部工作时，我的同事珍安．克劳佛特（Jeanne Crawford）曾经每个月都会提供免费的家庭训练课程。除此之外，学区也有提供免费的褓母服务，珍安的课程因此对家长们来说十分方便。珍安的课程探索了许多不同的主题，包括孩子成年时会发生什么事，该如何处理无法控制的自闭症儿童、整个个别化教育计划流程等等主题。她是一名非常受家长们尊重的老师以及朋友，珍安是我所认识的老师当中最用心的一位。

许多自闭症团体 学区 以及利益团体也都会主办相关的研讨会，这些会议一般都是每年一次，但是频率也有可能会因团体而不同。我在我的职业生涯当中有去参加无数的研讨会，我总是在看到在场的父母们时感到特别的温馨，因为我知道他们正试着更了解如何帮助他们的孩子。

自闭症协助团体是另外一个非常出色的学习以及协助适应环境 如果你住在大城市当中 城市里应该会有许多自闭症协助团体，你可以参加他们的会议来决定哪一个团体最适合你的情况。如果你住在一个小型的村落，方圆几百英里当中可能不会有任何的自闭症协助团体，这可能会造成资源取得困难，但是这并不代表你无法取得相关的资源。你可以试着利用电话来创造一个协助团体，有计算机的家长们可以利用网络寻找相关的自闭症协助团体。网络上的资源有时候是互动性的，其它的组织有可能会在网络论坛上回答问题 许多网络群组提供一个自由发表的地方并且同时避免任何人被其它人攻击 另外一方面，你也可以利用昵称在这些论坛上发表看法。我几乎可以向你保证，你所认识的朋友将会成为你样育孩子的珍贵资源。

当希拉里．柯林顿还曾经是美国纽约的立法委员时，他曾写说：「患有自闭症的孩子与成人们因为没有得到他们所需要的服务设施而因此无法回馈社会是一件非常不幸的事情。」希拉里所注意到的悲剧较常在没有花时间了解自闭症的家庭中发生，跟随孩子的脚步去学习、研究、以及参予相关活动的父母比较不可能会在这个群组当中出现。

快乐的保持个人日记

我建议你继续保持一个个人日记，你可以用这个日记去纪录在孩子身上发生的好事情，相对的，你也应该去纪录孩子耍脾气以及其它造成会生活上压力的行为。某一天，你可能会注意到你的自闭症女儿开始拍打她的头，当你正在翻阅你的日记寻找对应的方法时，你可能会注意到你的日记里记载着这种行为在她六岁时也有出现过。也有可能当你的医生建议开给你儿子利他能服用时，你记得这个药品似乎以前曾经用过，你很快地翻阅了你的日记并且发现在六年级时孩子曾经服用过这种药，而这种药造成他机能瘫痪。当你告诉医生这个经验之后，你们将能够讨论使用这种疗法的优缺点，你们也可以探索是否有其它不同的疗法。

现在是一个扩展日记的最佳时机，你可以创造一个新的区域专门来记录孩子的发展以及需要更深研究的主题，你可以用这个空白回答问题像是：「在去年当中，托德有哪些进展？」「在托德闹完脾气之后，我应该如何帮他赶上进度？」当你与老师、辅导师或其它帮助孩子的人物开会时，你可以将这些问题相关的信息拿来与他们讨论。另外一个利用这块空白的可能性是利用回答问题的方式来辅导自己的情绪，你可以问：「我最近有为了我自己做些什么事？」或「我感觉我和我的太太（先生）有些不愉快之处，我该如何改善这种情形？」

婚姻

你和你的伴侣在孩子出生之前一定非常兴奋，当他出生时，你会很温柔的将他抱在怀里。当你看到他可爱的脸颊时，当你听到他第一次哭闹时，当你第一次喂他时，你的心里都会有一种无法形容的快乐。你将很快地开始拍孩子的照片来纪录成长并且带他到处去向亲朋好友炫耀。你非常感谢上天让你和你的另一伴产下如此讨喜的婴儿。可爱的婴儿有十根手指、十支脚趾，和一个非常可爱的鼻子。他会在需要吃东西或换尿布时开始哭闹，在需求被满足之后他便缓缓入睡。一切都很正常，你的婴儿似乎在每一方面都很完美。

突然有一天你开始注意到你的孩子与你姊姊同龄孩子有些许的不同，虽然你并不想要去理会这些差异，但是你仍然不自主的对这些警讯感到不安。几个月后，孩子们之间的行为差异越来越明显，你决定和你的另一伴讨论有关孩子发展的事，你心里希望你的配偶也会支持你的忧虑并且带孩子去给专业医师检查。当你们在讨论这件事时，你很惊讶地发现你的另一伴也有注意到孩子发展的异常，但是在这段期间他一直都按兵不动，因为他希望孩子会慢慢地恢复正常。

在你们决定让专业医师检查之后，你可能会开始有非常悲观的想法，你可能会怕孩子如果真的有问题了话，他一辈子都会十分困难。突然间，专业医师告诉你无情的事实，你的孩子有自闭症。虽然你和你的配偶都有所怀疑，你们也有阅读些许关于自闭症的信息，但是你们仍然无法完全了解这个诊断将会如何冲击你们、你们的家庭、以及你们的婚姻。你将会了解许多自闭症对你孩子所造成的影响，但是你可能仍然无法完全了解自闭症对你的家庭会有什么样的影响。你该如何面对这个诊断以及它对你的家庭与婚姻所造成的冲击呢？

首先，你必须花时间去真正面对这个诊断，你可能会需要一点时间去接受失去你心目中的完美孩子的事实，慢慢地调整你的情绪直到你可以完全接受这个事实为止。你和其它父母一样，你可能无法继续向前迈进直到你能够完全接受这个诊断以及它即将对你和你的家庭所造成的影响。这是第一个阶段，我称它为「挣扎、斗争、拒绝接受、接受」的阶段。起先，你和你的配偶将会为了了解自闭症的含意而有所挣扎，接下来将会是一个斗争的阶段，你们将会开始认为你的孩子被医生误诊或自闭症是可以痊愈的。紧接着，你们将会拒绝接受事实，你们会认为医生是笨蛋而因此诊断一定是错误的，你们也会认为你们心目中完美的孩子不可能会有自闭症。终于，你们将会慢慢地接受这个诊断并且开始为未来含有自闭症的生活做规划。恭喜你！你已经接受诊断的事实了！

虽然你已经成功的度过了这个考验，你的另一伴可能仍然在其中挣扎，他可能会长期拒绝面对事实，他也有可能会无法和你有一样的觉悟，这当然可能会造成你、孩子、以及家庭些许的困扰。第一阶段的过程有可能会有不同的发生顺序，你在不同的阶段当中停留的时间也会因人而异。如果你感觉你的另一伴开始对你不理不睬时，像是有不愿支持、无法沟通或其它不理会的行为时，这是一个使用笔记本的绝佳机会。写下任何和所有你想要释放的情绪。你现在的感觉如何？你认为为什么你现在感觉如此？你应该如何适应？你应该有什么样的期待？在笔记本上开始写字直到你感觉心情好一点为止，你可能会利用一点幽默来完成这一篇日记，不管如何，你都应该试着用乐观的看法来结束你的抒发。

由于你和你的伴侣将会各自的了解并且适应自闭症的存在 第一阶段的过程可能会需要许多个月或甚至许多年才能够完成，最终你们将会停止逃避事实并且接受孩子自闭症的诊断。这是第二个阶段，我称它为「完成面对挣扎、斗争、拒绝接受、与接受」的阶段，在这当中父母们了解自闭症将会永远跟随着他们的孩子，他们便开始为自闭症孩子的未来筹备。

第三个阶段是「完全接受孩子」的阶段，这是一个对家庭来说，尤其父母的婚姻来说，非常重要的一个阶段。一般来说，这个阶段将会使家庭迈向两种未来当中的其中一种。第一种是较正面的未来，夫妇将会因孩子的障碍而变的更亲近。你们是夫妻也是负责扶养自闭症孩子的父母，我希望在孩子被诊断以后，这是你们所选择的路线。相较之下，另外一个比较常见的未来比较负面，孩子自闭症的诊断将会严重的冲击父母的婚姻，最后往往都是离婚收场。了解这种未来的可能性能够让你在诊断后的早期开始避免这样的下场，你身边也有许多能够帮助你维持婚姻的管道。

亲朋好友常常都会在这种情况下提供不可缺的帮助以及支持，尤其如果你很明确的告诉他们如何帮助你。如果你有宗教信仰，继续定时去教会，如果你一段时间都没有上教堂，开始出席你以前的教会，你将能够得到许多能够帮助你度过难关的爱心以及支持。你也可以试着去探讨其它能够让你享受生活的方法，像是家庭聚会、小区活动、社团等等。父母也应该有自己的时间，偶尔带着伴侣出去一个小时吃晚餐或看电影都是一种不错的疗法，除此之外，这种邂逅也能够增强婚姻并且给彼此更多需要的支持以及鼓励。

第四阶段是「勇敢面对每一天」的阶段。虽然你已经接受孩子自闭症的事实，你仍然无法预测每天会发生的事，但是这一切都不重要，重要的是你可以选择开心并且活力十足地起床或闷闷不乐又全身无力地起床。你的自闭症孩子并不了解你的情绪，因次不管如何你都必须准备好迎接每一天，有些日子会非常顺利，相对的也有一些日子会气的你面红耳赤，有些日子你能够快乐的大笑，相对的也有一些日子会让你只想要嚎啕大哭。没有关系，这一切都很正常，你只要能够上前应付每天所发生的事，你将能够度过那二十四小时。你将会越挫越勇，我向你保证。

终于，最后的第五阶段是「你的功劳勋章」，虽然有一点陈腔滥调但是你应该接受奖励，你的伴侣也是。这个奖励可以随时颁给自己，可能一年一次，一年两次、每五年一次、或当你的孩子抵达一个发展里程碑时。除非你真的希望如此，这个过程不一定需要有个奖杯、奖牌、或奖状等等正式奖励。奖励必须由你的伴侣颁发，这样你才可以了解你有多特别、了解对你的伴侣来说你有多重要、了解对你的自闭症孩子来说你有多重要，并且了解能够面对每天不同问题的你有多勇敢。这是一个让你的伴侣赞美你帮助孩子抵达新里程碑的好机会。你可能会认为这个颁奖的想法有一点离谱，但是未来你一定会有欢迎这种赞美以及感谢的日子。当你将「你的功劳勋章」纳入你的生活当中，它将会给你不可思议的力量！

值得注意的资料

美国国立自闭症协会（National Autistic Society）在最近观察四百五十名儿童以及成人的研究当中发现大部分患有自闭症的成年人仍然无法自我独立。大约百分之七十的成年自闭症患者仍然需要他人监督，这当中百分之四十九的患者现在正依靠家人的照顾。虽然如此，每个父母都必须未雨绸缪：当父母过世或高龄身体残障时，患有自闭症的孩子该怎么办？这群需要他人帮助的自闭症患者们当中，大约有百分之三十二的患者如今被安置在赡养中心。这项研究报告最令人心痛的发现是只有百分之三的患者能够完全自我独立！百分之三的机率！因此，在现实世界逼迫孩子之前，为他们做未来的准备是父母们背负的一份重责大任。

除此之外，美国国立自闭症协会也发现只有少许的成年自闭症患者有亲近的朋友，拥有固定工作的患者更是少之又少。他们发现大约百分之十二的患者被列为「成果非常好」，代表说他们能够完全独立自主。大约百分之十的患者被列为「成果良好」，代表他们虽然独立，但是偶尔仍然需要亲朋好友的协助。大约百分之四十六的患者被列为「成果不佳」，代表他们并不独立，而且他们也无法像另外两种患者一样经历以及享受生活。这个研究报告也指出，智商在七十之上的自闭症患者比较有可能会有良好的成果。

虽然这些数字并不是非常乐观，但是你必须了解市面上与自闭症相关的信息目前仍然十分有限，我必须强调：当你在孩子幼小时学会并且利用身边的信息时，孩子成功的机率就会增加许多。学会如何帮助孩子并且维护家庭的安稳！有些日子你会感到十分沮丧，在这些时候切记你已经接受孩子患有自闭症的事实。垂头丧气还不如想一些令你快乐的事！还记得孩子跑来找你拥抱的时候吗？还记得最后一次孩子高兴到合不拢嘴的时候？还记得孩子出生时的喜悦吗？尽量想出许多美好的回忆，我知道在心情沮丧时这是非常困难地，但是研究显示乐观的心情有助于减少压力。如果你无法找到任何快乐的回忆，你可以到你的日记里面去查询，借机在日记里回答这个问题：「我和孩子最美好的回忆是什么？」当你回答完这个问题之后，你一定会感觉快乐一点，这一点点的快乐将能够帮助你勇敢的面对明天！

第十一章 洒密尔 一个小小的成功故事

快跑阿！亨利！

在我第三年担任特殊教育老师的开学之前，我的主管告诉我班上即将会有一名来自菲律宾的新学生：洒密尔（Samir）。我得知这个孩子非常喜爱跑步，他的自闭症相当严重而且他一辈子都几乎是外婆在养。除此之外，洒密尔从来没有接触过英文，但是由于洒密尔本来就不怎么讲话，这对我来说似乎并没有太大的影响。

洒密尔的个性非常有趣，但是他也是一名不是非常好应付的学生，幸好我身边有一名优秀的辅导人员，亨利，来帮我控制洒密尔。我和亨利一开始并不是非常亲近，我并不是非常习惯亨利的行为因为他不管怎么样都不会叫我的名字，他反而都是用「先生」来称呼我，要到几个月之后我才了解他的行为是出自于他对我的尊重，而这种行为是在菲律宾长大时学会的。一段时间之后，亨利自然成为我最能投靠的同事、聆听者、以及朋友。他的能力非常惊人，他可以教导各式各样并且患有不同障碍的学生，他能够对不同的学生显示出相同无比的耐心并且带领他们完成作业，他也能够轻松的训练学生们的体育能力。除此之外，我也非常庆幸亨利非常了解学校运作的方式。由于亨利能够带领各式各样的孩子，照顾洒密尔对他来说简直是轻而易举。

当我在上学第一天首次与洒密尔见面时，我不敢相信一名十二岁的孩子已经如此的壮硕，他五呎九的身高已经和亨利一样高，体重看起来也不输亨利。当洒密尔走出巴士时，我看亨利也和我们一样不敢相信洒密尔竟然是一个壮硕的青少年。

洒密尔下车第一件事便是往校外奔去，亨利立刻跑去抓他，而我则帮助亨利把洒密尔带回教室去。由于洒密尔的力气大到足以让他为所欲为，加上他不喜欢遵从命令的个性，这整个过程感觉像是在劝导洒密尔回教室。在进入教室以后，洒密尔立刻注意到长桌上的点心。在任何人都还来不及反应之前（类似

第三章里杰莉的行为）他拿了一包爆米花并且迅速的从后门逃走。幸好学校后院的周围有铁栅栏围住，洒密尔只能在后院里边吃爆米花，边漫无目的地徘徊。亨利很快地将他逼到角落去并且请他将手上的爆米花环给老师们。当洒密尔不理会他的请求时，亨利便一手将洒密尔手上的爆米花袋抢过来。洒密尔马上开始大哭大闹，他的鹦鹉式仿说反应使他开始重复地大喊他不认识的字。我请亨利去教室里拿洒密尔的圆圈时间图示，当他回来之后，我将卡片递给洒密尔，间接地告诉他现在是回教室的时候。非常明显的，洒密尔已经对图示有些许的了解。但是由于我们手上只有母亲以及祖母所提供的数据而非专业的背景信息，我们并不确定洒密尔是如何和其它人沟通，我们也并不确定他到底了解多少事情。

这是我们第一次尝试圆圈时间，我们带领洒密尔与班上其它的学生到教室里指定的地方坐下，突然间，洒密尔又冲出教室并且开始他的鹦鹉式仿说反应，亨利立刻追上去阻止。在这同时，其它的学生也开始表现出异常的行为。我问亨利他是否需要我帮忙抓洒密尔，他微笑地告诉我：「不必谢谢，你现在已经有足够的麻烦了。」

不久之后，亨利带着洒密尔回到教室里。洒密尔仍然无法安定下来，他开始四处走动，发出奇怪的声音，并且不停地用手拍打他的嘴巴。

在圆圈时间之后，我们将洒密尔的点心图示递给他，他马上便了解图示的用意。他很高兴地拍着手并且快速地跑去坐在桌子旁。洒密尔很快地便将他的点心吃掉，不久之后他便开始伸手拿其它学生的点心，我们试着给他多一点点心，但是他很快地将我们提供的点心吃掉并且又开始抢其它学生的食物。我请亨利去拿洒密尔的游乐场图示。当亨利将图示递给洒密尔时，他便飞快地冲出教室，亨利也再次尾随。

教导洒密尔的前几个礼拜的确十分困难，他并不了解如何遵守教室里的日常计划。虽然我最终有拿到前老师的报告，但是他所提供的信息实在过于浅薄。在拿到报告的时候，我已经知道报告里所有关于洒密尔的信息，那名老师也没有提供任何教导洒密尔的建议。我们一切都得自己来。

我和洒密尔的母亲谈过许多次，母亲告诉我他有时会唔预警地冲出家门。这名又高又壮的菲律宾籍母亲告诉我他并不通融洒密尔的任何行为。从这些谈话当中，我学到许多关于洒密尔的背景、行为、能力，一堆在创造酒密尔的课程以及个别化教育计划时我所使用的信息。

快跑阿！杰克！

我之前曾说过，我认为带领自闭症儿童去探访附近的小区是一件非常重要的事。在这学期初，教职人员们便开始每天带领学生出去散步，我们会带他们走去公园、走到下一条街、或任何我们能够到达的地方。幸好在这一路上，笑口常开的亨利总是走在酒密尔的旁边，亨利似乎认为照顾酒密尔是一种挑战。我对亨利的贡献一直都感到不以为然，直到有一天他请假我才真正了解他工作的重要性。那天我带着酒密尔进入教室，他很明显地对来接他的我而非亨利感到十分困惑以及不安。在进入教室以后，酒密尔马上冲出后门、解开后院铁门的锁、并且开始往校门奔驰！我马上开始追！我边跑边问我自己：「我能够追的上这个孩子吗？即使追上了，我有足够的力气来制服他并且将他带回教室吗？」我也开始慌了：因为我并不知道跑到车水马龙的主干道之后，酒密尔会做出什么傻事。酒密尔继续向前奔驰，我则紧追在后，他的脚步渐渐加快，但是体力不足的我则越跑越慢。

在洒密尔跑到通往马路的最后一扇铁门时，我突然感觉到有人从天上默默地帮助我，因为他突然停下来、看了我一眼、并且往校园里的主要游乐场走去。我非常庆幸他并没有离开校园，这个机会让我能够去找其它人来帮忙。当我正要去寻找援助时，洒密尔奇迹似地突然跑回大楼里，几分钟后我亲眼看到他走回我的教室里。我心想：「今天才刚开始上课，我一定要想办法保护洒密尔的安全；也祈祷亨利明天会回来上班。」

我记得洒密尔的母亲曾经说过他非常喜欢玩拼图，我便从教室里找出一盒十片的拼图，并且将盒子递给洒密尔。他看了拼图一眼、看了我一眼、笑了笑并且马上将盒子里的拼图拼凑成盒子上的图案。即使他很快地完成了拼图，他仍然持续地坐在他的椅子上，我则站在他的后面避免他再次试着闯出后门。

上了锁的前门令我感到安心，因为它能够阻止洒密尔的行动。接下来的一整天，洒密尔仍然不停地试着冲出前门，但是幸好门上的锁使他每次都无法得逞。他每次都会因为门没有打开而有一种困惑的表情，而每次他停下来时，我都会感谢门锁的存在。当那天终于结束时，我记得那是我从师以来最累的一天。

幸好隔天亨利并没有请假。

抢夺食物有了一个全新的意义

每个星期四，我们都会带学生去附近的快餐餐厅。当我们第一次去这家餐厅时，我有一点担心学生们会因为不同的路线而感到不习惯。幸好我们平安地抵达了餐厅。突然间，洒密尔闪电似地冲进餐厅里、跑到一名顾客旁边、并且一口气将桌上的汉堡给吞了。那位先生非常的惊讶，我也对洒密尔突如其来的表现吓了一跳，亨利立刻上前解除危机，他连忙道歉、解释洒密尔的特殊情况、并且答应买一份新的套餐来弥补那位先生的损失。我也像那名先生道歉并且告诉他我们会尽快地买一份新的套餐给他，我心想：

「为了维持安宁，这一点前算不了什么。」

接下来的几个礼拜，我们都会带洒密尔从后门进入餐厅，在他坐下之后我们也会请亨利坐在他旁边，避免他再次闯祸。我们认为这种对策能够有效地控制洒密尔的行动，但是他仍然有在另外两个场合当中顺利地从另外两名顾客手中抢走食物。幸好这两名顾客也非常能够了解并且洒密尔的动作。

冬天里的某一个礼拜四当天下起了大雨。除了天气遭以外，当天我们也人手不足，有两名教职人员当天请假，我们也没有顺利地找到任何能够替补的人。由于这两个因素的关系，我们更改了日程表上的几样行程，这些修正当中，我和教职人员们一致决定当天不会带学生去附近那家快餐餐厅。一般来说，我们都会在早上十点四十五分时带学生们去那间素食餐厅。那一天，当十点四十五分准时一到，洒密尔便开始疯狂地翻阅他的图片书直到他找到一张画有快餐餐厅的图片卡，他将那张图片卡拿给我并且跑去教室后方拿我们外出用的紧急医护背包。在场的所有教职人员都吓了一跳，我们一直认为由于图片卡并没有在日程表上，学生们会因此忘记去素食餐厅这件事。在得知我们并不会去素食餐厅时，洒密尔便开始指着图片卡大哭，在场的所有人在接下来的几分钟里目睹洒密尔开始因此大哭大闹，进入一种完全精神崩溃的情形。为了挽救这个情形，我逆着我几十年来的所有特殊教育训练，决定贿赂洒密尔。我拿给他一张画有点心的卡片，他马上停止哭闹，跑去教室后方的长桌，并且将我给他的点心一口吞掉。

新饥饿危机

随着日子的流逝，洒密尔慢慢地开始适应教室里的行程与规矩。他不再会突然冲出教室，他也逐渐停止逃学的习性。虽然如此，他仍然有某些无法自我控制的问题。某个秋天下午，教职人员们带着学生们去散步，由于洒密尔的表现良好，我们已经能够让他不需要何人牵着手，自己一个人走路。当我们在转角转弯时，洒密尔突然如闪电般地迅速冲了出去，他看到了一台在附近卖点心的贩卖车。在我们还来得及阻止他之前，他便一口气将贩卖车上的糖果棒吞掉了。当我们抵达时，他已经在拆第二支的包装纸了。可怜的服务人员完全不知所措，我马上付了钱并且解释洒密尔的情况，幸好，他和小区里许多其它的成员一样很能够理解我们的情形。接下来的日子当中，这种冲去点心车的行为仍然常常出现，但是由于那名服务人员已经有所准备，洒密尔再也没有成功地抢走任何食物。

有一次的校外教学，我们带着学生们去坐加州铁路（Cal Train）。学生们都非常喜欢这段旅程，他们似乎被整个搭乘的过程以及接触的人群、景观、事物等等经验给感动了，他们整体上都安静了许多。我们在帕罗奥图（Palo Alto）站「史丹佛大学（Stanford University）校区的所在地」下车。由于我们在商业区附近，时间也接近中午，四处都可以看到穿西装、打领带的上班族。我们带着学生们穿梭在拥挤的人群当中，慢慢地往都市里一家比萨餐厅前进。突然我听到有人大喊：「酒密尔！」我以为他又突然跑走了，但是当我转头看时，我看到酒密尔在附近的路旁洒尿。我完全无法相信我正在目睹的事实。附近路过的人群并不知道酒密尔无法了解这是一种不亚的行为，酒密尔脑子里只知道他需要上厕所，从他的角度来看，他只是做了他需要做的事情。幸好附近没有任何警察，否则后果一定不堪设想。

酒密尔各式各样的行为

酒密尔渐渐地学会做许多事情 他很能够将东西拼凑在一起 他的双手非常的灵活 他曾经自己一个

人完成了一套一千片的拼图。洒密尔对拼图的专注使教职人员们常常会有困难带他做任何其它的事情，当任何人触碰任何一块拼图时，洒密尔会立刻开始大喊大叫。劝他做别的事情是一件非常困难的事，每天当他看到桌子上的拼图，他心里只想利用当天好好专心完成拼图。当其它行程的时间一到，他常常都会无止境的大哭大闹。我们最后学会在拼图时间之后安排他也喜欢的行程，这样他才会愿意乖乖就范。

洒密尔是家中唯一的男生，他和他的母亲，两个祖母，与许多姐妹同住，这当中我只有和母亲见过面。这名母亲对洒密尔非常地关怀与支持。在我们许多的对话当中，她曾经提过她在家里是如何保护洒密尔的安全，像是如何避免洒密尔烫伤。洒密尔总是喜欢跑进厕所，将衣服脱光、并且跳进淋浴里冲澡，一开始他并不了解冷热水龙头的区别，因此有一次他先打开热水，在还来得急退后之前他全身上下都受到严重的烫伤。母亲在事后便亲自下去训练洒密尔冷热水的不同，她先将洒密尔的手放到开着冷水的水龙头，之后她也将洒密尔的手放在开着热水的水龙头。久而久之，洒密尔便学会同时打开冷热水来得到适合洗澡的温水。

另外有一次当洒密尔与其中一明祖母独自在家时，他突然从前门跑了出去，不知所措的祖母马上打了一通电话给母亲，母亲也因此得向公司请假回家。他们在几**英哩**之外的郊区找到洒密尔，母亲事后便帮洒密尔买了一条刻有名字的手环。一开始洒密尔并不愿意戴着那条手环，但是他最后还是答应了。当洒密尔再次逃家时，这个手环便帮助家人迅速找到人。除此之外，母亲也在家里所有的门上上了锁。

母亲的另外一个问题则是家中的食物，洒密尔和其它自闭症孩子一样无法控制他们自己的食欲，他们的肚子就像一个无底洞。洒密尔是一个体格壮硕的年轻人，他的食欲无穷无尽，母亲也开始注意到洒密尔常常都会在厨房里出没，不管是白天或黑夜，他总是不断地进食。母亲的对策则是将厨房里的冰箱以及所有橱柜都上了锁，虽然乍看之下这种对策似乎有点离谱，但是这是一种保护自闭症孩子的好办法。

虽然母亲非常疼爱洒密尔，但是她仍然需要在家中设立规矩以及界线。

洒密尔明显的进步

在学年结束时，洒密尔在体格上、心理上、与课业上都成长了许多。在学期末检讨会议当中，我和其它教职人员们都认为洒密尔已经准备好去一所不依智慧分班的正常学校就读，因此，我便去探访许多所的学校。其中有一所我认为十分适合洒密尔，我喜欢他们的教学速度、个人化教学换环境，以及老师的教学风格。

来年，洒密尔便转到那所学校就读。我后来得知新的老师在第一天就带洒密尔去附近的杂货店光顾，他们才刚踏入店哩，洒密尔便开始四处乱跑、拿了几样物品、并且迅速地离开了那家杂货店。这件事情让我感觉到有点忧虑，我在开学之前有在一封信里详细地描述过洒密尔的所有能力以及行为，这当中我特别向他叮咛关于洒密尔乱跑以及抢夺食物的两种习性。如果他的确有读过我写的信，他便不会第一天就带洒密尔去杂货店，即使他仍然有带洒密尔去，他也会找人紧紧盯着洒密尔的一举一动。即使如此，我还是尊重每个老师不同的教学方式。接下来的两年当中，洒密尔成长了许多，但是他还是没有学会任何的语言技巧，他的行为也像其它的自闭症孩子一样会来来去去。

两年后，洒密尔成功的毕业并且开始在附近的一所高中上课。我最后一次听到关于他的消息时，他已经进步到一般自闭症孩童所无法想象能够抵达的境界了。即使如此，身为青少年的他还是会用手拍打嘴巴，偶尔他也还是会乱跑以及偷拿食物。简单的说，洒密尔的情况改善了许多，但是他的行为以及习性应该仍然会永远跟着他。

第十二章 继续你们的旅程

你的自闭症孩子终究会成年，这个章节将会介绍各式各样能够帮助孩子的服务单位以及某些住宿规划（如果孩子不打算住在家里）。除此之外，我们也会讨论一些能够给你参考的思想。

如何准备自闭症孩子进入成人的世界

我们先从最基本的问题开始，身为自闭症儿童家长的我该如何帮助我的孩子准备进入成人的世界里？我的建议是在孩子大约十四、十五岁时，开始研究并且了解有哪些能够帮助孩子的组织以及服务。一般来说，孩子就读的学校也会在这段时间开始为这种边迁作准备，依各洲法律的不同，他们所定义的「过渡时期年龄」以及「成年年龄」也会有所不同。当你的孩子十四岁或九年级时，以前正式的「个别化教育计划」将会变成「过渡时期计划（Transition Review）」。这种正式的过渡时期计划必须在孩子十六岁之前完成，计划当中将会包括孩子未来的志愿以及目标。

身为家长的您必须去确定所有能够帮助孩子的服务都有被记录在这个计划当中，为了达到这个目的，你可能会需要主动去争取某些服务，这些服务包括提供教育（高等教育）、育乐活动、住宿、社交、兴趣、健康、交通等等机会的相关服务，任何你认为重要的服务都要一一列入计划当中。这将成为一份相当复杂的档案，但是它将能够列出孩子所有的需求与目标，以及如何满足那些需求与目标的方法。由于没有人能够在孩子时六岁时就成功地计划孩子的一辈子，你必须切记这个档案是一份活档案，这代表你能够随时更新计划当中的事项。

当你在想如何写孩子的过渡时期计划时，你不仿听听亚斯伯格自由团体（Aspies for Freedom）的创办人艾米．奈尔逊（Amy Nelson）曾说过的话：「我出生时有属于我自己的能力以及困难，这当中当然包括自闭症。我知道我并无法痊愈，虽然我可能是你的大小孩，但是这个人生仍然是我自己的。」这是一句非常有力的话，任何照顾自闭症孩子的人都必须知道与理解这句话的用意。

在继续之前，我必须再度强调社会的注意大多都集中在自闭儿童身上，研究都不断试着了解儿童的行为、寻找治疗自闭症的方法、以及了解自闭症是由什么引发的。与自闭症相关的研究都是最近才开始有的，我们的社会还没有准备好如何应付即将成年的自闭症孩子，从住宿到长期医护等重要的服务仍然微不足道，也因此有许多改进的空间。

玛德琳．戈法博（Madeleine Goldfarb）是一名自闭症孩子的母亲，他也是纽泽西医学院自闭症中心推广部的管理人员。她曾经说过：「今日社会当中，即将成年的自闭症患者所需的相关服务仍然微乎其微。」纽泽西并不是唯一有这种问题的地方，了解这个事实的家长们应该开始去向政府争取更多的服务与设施。

早期的章节的重心在于如何研究、学习，以及理解自闭症相关信息来帮助你的孩子，当你的孩子接近成年时，这些技能也相当能够帮助孩子。你的大小孩将会遇到许多挑战，其中包括：日常生活当中的杂务、人际关系的规划，以及持续进行的沟通能力发展。很遗憾地，由于社会还不是很习惯自闭症的存在，患有自闭症的成年人的确会被社会排挤。

由于自闭症的严重性如光谱般的因人而异，以下的信息只能提供参考，你应该依孩子的能力来决定哪些建议能够有效的帮助他。有些患者能够自给自足，相对的，也有一些患者需要二十四小时不停的监督。有些自闭症患者能够工作，但是他可能无法应付日常生活当中所发生的事，像是与其它人交谈。虽然以下的信息并非万能，但是了解其它孩子的情形将能够帮助你发现能够协助自己孩子的方法。

有些自闭症孩子能够成为社会的一份子并且成功地找到工作，他们也有可能会结婚生子。对这些人来说，这个过渡时期并不会太困难，相关的准备也并没有比其它孩子所需的准备要紧。即使如此，身为家长的你仍然需要细心地规划，如果你认为孩子将能够开始求职，你必须开始观察孩子的兴趣。如果孩子总是喜欢观察车子的引擎，你可以试着安排一些时间让他去附近的修车厂实习。如果你的孩子非常喜爱烹饪，你可以安排让他去当一名面包师或厨师的助手。如果你的孩子对药物有兴趣，你可以带领他去探索与药物相关的职业。当你的孩子对某件事有极大的兴趣时，这代表他未来的职业选择可能会与其相关，你可能可以开始找相关的志工服务机会让孩子尝试。

当孩子在当志工时，你可以在日记里纪录他的成长，试着回答：「他有哪些进展？」、「主管们认为他的表现如何？」……等等问题。试着研究许多能够帮助即将成年的孩子找工作的职业教育课程，记得与孩子一起研究，因为最后的决定不应该是你能够马上决定的，你有可能会在探索其它职业选择时找到更适合他的未来。由于孩子可能会在这个工作岗位上坐一辈子，这个探索与研究的过程十分重要。

当你在研究各种职业时，你必须注意环境上的因素，这其中包括：工作场所里过强的照明、来自其它工作人员或机器的杂音程度、以及需要常常与人互动的职业需求等等，这些特质都有可能会负面影响孩子的工作质量。除了自己注意以外，家长们也应该叮咛帮忙准备过渡时期计划的工作人员也都了解这些因素。

当你在准备帮助孩子进入社会时，我能够给你最重要的一个建议是：不管你的孩子在自闭症光谱的哪一端，你都应该准备一份签过明并且经法律证实的遗书。如果你某天突然出了事，那你的孩子怎么办？

如果你今天突然中风，那谁会照顾你的孩子？如果你都有明确地用白纸黑字列出你的计划，那你永远都不需要担心孩子突然无依无靠。

当孩子逐渐成人时，过渡时期计划也将会逐渐取代个别化教育计划。这代表许多事，在接下来的讨论当中，我将一一列出这个改变的含意。

过渡时期计划里可能包括的项目

住宿计划的选择可能是这个计划当中最重要的选择。如果你坚持孩子以后都会住在家里，那这个决定可能比较没有那么重要，你只要确定孩子在你重病或过世时还有所依靠。如果让他住在家里是你的决定，整府仍然有给予补助，你可以和附近的社会福利中心询问政府有哪些补助方案。一般来说，社会安全生活补助金（Supplemental Security Income）、社会福利残障保险金（Social Security Disability Insurance）、以及美国的医疗补助金（Medicaid）都是能够帮助你的资源。

另外一方面，打算在外住宿的孩子有许多选择，他们的住宿选择会依自闭症的严重性而有所不同。打个比方：如果一名低功能的自闭症孩子有许多自我控制或生理上的问题，他的自闭症已经严重到需要二十四小时的监视，将他安置在精神病院可能是最佳的选择。幸好这种情形并非常见。除此之外，这些精神病院与以往相较也进步了许多，大多都不再像电视或电影里所呈现的破旧设施一样，今日的病院都能够给病患们良好的居住环境。

独立自主的居住规划

最佳的居住安排当然就是独立自主的居住规划，这个选择将会让你的小大人自己一个人住或与几名其它房客共住。自闭症患者在这种安排里仍然需要有保证有人能够在他需要帮忙时给予协助，因此找到一名与他保持联络的家人、朋友、代言人等等是一件非常重要的事。这个角色的任务是去辅导自闭症患者如何照顾自己，其中包括教导如何确认银行存款是否有通过、如何与眼科医师预约看诊时间并且准时赴诊、或如何使用微波炉。虽然一名自闭症患者能够自己生活，生活上仍然有许多他不知道如何应付的事情，事先教导生活上的技能不但能够化解这些危机，也可以减少他精神上的负荷。

帮忙安排独立居住选择的组织有许多不同的名字，其中两个较常见的分别为某某生活中心以及某某社交中心，几乎每一州都会有专门做住宿安排的组织，他们会将成员与其它相似的人安置在一起。他们也会定时派工作人员去探访自闭症患者的居住地点，这些工作人员将会确定住所有正常的在运作，这代表他们会检查环境是否安全、干净，他们也会检查其中的成员是否有保持均衡饮食、个人卫生等等基本生活条件。

当你的孩子与其它人同居时，发生争执是非常正常的事，没有任何一个人能够每天二十四小时与另一个人无争执地共处。你的孩子有可能会向你抱怨他室友的过失，你应该仔细聆听他的不满，但是你不应该进一步去干涉任何事（虽然如此，如果你认为他的问题的确十分严重，你可以请组织里的主管作进一步的调查以及和解）。你必须切记虽然你的孩子讲起来振振有辞，但是你终究只有听到其中一方的看法，最好的处理方法是让工作人员们去处理它们之间的不满。

团体家庭

我的工作让我有许多机会探访许多不同的团体家庭，我所拜访过的每一个团体家庭都能够给家庭里的病患一个良好的居住环境。一般来说，团体家庭最多只会有八名病患，它的结构非常类似一个大家庭，病患们都会患有自闭症或许多种心理障碍。住宿里随时都会有工作人员在看管，依团体家庭的不同，某些家庭也会有一名工作人员在晚上处于「清醒状态」，这名工作人员必须在晚上保持清醒，隔天早上则会有两名工作人员来接他的岗位。这两名早班的工作人员将会叫醒家中的病患，带领他们刷牙、铺床、整理房间等等保持自我卫生的习惯。接下来工作人员们将会准备早餐，有时他们会请少数几名病患帮忙，其它的病患将会帮忙排桌子上的餐具，在准备完之后，所有的人会一起坐在饭桌吃饭。他们所吃的每一餐都会符合每日营养素建议摄取量，拥有特殊需求的患者（像是患有糖尿病的自闭症患者）的食物则会因他的情况而有所调整。

工作人员会在饭后监督病患吃药，你大可放心。工作人员们会仔细地确定每个病患都会在正确的时间拿到他所需要的药物，剂量也会被紧紧地监控。

在吃完饭后，家庭里的所有人便开始他们的日常行程，有些人会准备去工作，也有些人会去接受工作训练，生病的人则会与其中一名工作人员待在家中。一个团体家庭所能提供的工作以及活动大多都会与小区的规模成正比，越大的则越多，越小的则越少。

一般来说，当患者们回家时，他们必须帮忙做家事。某些成员可能会与一名工作人员去附近的超级市场买菜，另一名成员可能会去剪头发，也有一名成员可能会去附近的租片店帮家里的人租一片晚上能够观赏的电影。有些时候，工作人员们可能会计划一些特殊活动，像是带所有人去附近的公园溜直排轮或到戏院看电影，每个家庭都有自己独特的行事历。团体家庭也会在晚上团聚吃晚餐，饭后他们有可能会聚在一起开会、玩游戏（运动或下棋等）、看电影、或出门逛逛。有些团体家庭让患者们一起安排接下来一个礼拜的行程，有些还是由工作人员们安排行程，也有一些会混合这两种策略。

团体家庭非常适合一名自闭症患者，这是因为他们总是在其它人附近，因此他们能够不时地训练他们的社交能力，团体家庭也有能够不断照顾他们的工作人员。此外，被州政府批准的团体家庭必须符合所有当州法案所立的基本条件。

我会建议任何考虑团体家庭这个选择的家长们不仿去参观看看，记得问许多问题，看看菜单，参考日程表，以及询问关于他们的行为培养计划（尤其问他们会如何处置一名违规的患者）。

身为一名家长，我会计划去探访第二次，我会事先确定所有家庭的成员都在家，我会趁机问家庭的管理人员任何我还想的到的问题。由于这有可能是孩子未来的长期定居，你当然必须确定这是最好的选择。

有些时候，家长们可能无法决定该将孩子安置在哪一个团体家庭，就像有些儿女无法决定该将年长的父母安置在哪个看护中心一样，他们可能会感到罪恶、不安，或担忧因为他们不知道这个选择是否正确。

你必须切记，只要你有仔细地做过研究、有确实地去探访过住宿、有见过团体家庭的工作人员与管理人员，以及有调查过这个团体家庭之前是否有违法，我认为你的选择一定比其它「家外之家」的选择都还要好。

其它顾虑

当你的孩子进入青春期时，你可能需要学会许多新的事情，这个过程可能会让你感觉十分挣扎，尤其当你必须了解为了准备过渡时期计划所需要的所有信息。以下是一些你应该顾虑到的事情：

第一是法律，记得与一名专门帮助特殊教育儿童的律师讨论过你的情形。那名律师很有可能会建议你申办不可撤销的特殊需求信托（Irrevocable Special Needs Trust）。这份档将能够让你的孩子拿到你给的钱，但是由于这些钱并不会被登记在他的名下，这些钱将不会干扰孩子每个月所领的社会福利补助以及其它依收入而定的补助。当你无法照顾你的孩子时，这份文件将能够帮助律师了解如何处理，即使孩子仍然住在外面。

另外一个顾虑是经济上的考虑。当你在准备基金、遗书，或其它法律档时，依家境的不同，你应该与律师讨论所有的可能性，这个动作才能够确认你的孩子能够得到任何你想要遗留给他的退休金、共同基金、银行存款等等家产。依孩子自闭症的严重性而定，你可能会想要指定这些家产该如何分配，你可以雇用一名顾问或请一名家人保管这些资产。即使你有找到可以信任的人帮你管理资产，你仍然必须明确地写下你的指示。

此外，你必须了解所有孩子能够申请的政府补助金以及相关服务，这样他才能够一辈子不愁吃穿。当你在与律师准备任何法律档时，你必须事先确定任何的资金转移都能够让孩子持续过一个快乐、舒服的人生。你们必须确定这些资金，不管赠送或遗留，并不会造成孩子无法申请社会福利补助。

最后应该与律师讨论的是生活方式，在文件里包括这些数据将能够让你安排孩子的未来，像是孩子会在哪里住、孩子将接受哪些医疗服务、以及孩子的后事该如何办等等安排。这份档将能够给以后的看护人员照顾孩子所需的指示，任何能够帮助孩子日常生活上更方便的方法。

书末心得

养育一名自闭症孩子与养育其它孩子一样都会不断地考验父母，唯一不同的地方是，照顾自闭症孩子的过程并没有许多能够参考的原则，孩子绝大多数的需求都不断地在考验父母的观察、理解、以及临时应变能力。有些父母能够很顺利地利用班杰明．史巴克博士（Dr. Benjamin Spock）所写的书以及其它养育原则来了解以及安抚一名孩子，但是如果你试着用同样的方法来了解以及安抚你的自闭症孩子，他可能会开始不停的大哭大闹。

基本上，你必须亲自写一本照顾妳自己孩子的书，你必须亲自写下每一个字、每一个章节、每一个行为、以及每一个对策。这整个过程是一个无尽的冒险，我个人认为每一个自闭症孩子的父母都应该得到政府的奖励，因为他们都将生命的一大部分无怨无悔地贡献给他们的孩子。每对父母都是很特别的人，日以继夜地面对不同的挑战。我非常尊重并且崇拜你们的牺牲。你们是一群非常杰出的人类。

结语

如果你请名心理学家给你建议十种照顾自闭症孩子的诀窍，之后再跑去找一名医生、护士、消防人员、或我问同一个问题，你应该会得到非常不同的答复。虽然如此，我们之间的建议仍然可能会有几项听起来十分类似。我建议你自己去写照顾自闭症孩子的诀窍，写完以后拿来与我的建议比对。

一、疼爱妳的孩子：你和你的另一伴辛辛苦苦将这个美丽的孩子带到这个世界里，当他出生时你们一定也十分高兴。一、两年后你们可能有注意到一些值得关注的异状，但是不管怎么样，我希望你对孩子的爱能够与你第一次看到他的时候一样旺盛，就算他有自闭症，你对他的爱仍然不断增长。

二、了解自闭症：身为家长，每天研究并且了解自闭症是一件非常重要的事，这是因为相关的知识将能够让你使孩子的生活更丰富，应付孩子每天无法预知的行为也会较简单些。把你自己想象成一名修车工人、职业游泳选手、或医生，在这些职业当中，如果你并没有事先学会职业所需的知识，讨论该如何工作根本就是无稽之谈。你能够在没有阅读或研究相关知识之前成功的修理车子独触媒转化器吗？如果你没有接受过相关的训练，你会知道如何执行开心手术吗？（当然，这一切都是夸示，现实中这些都是违法行为）

三、与你的伴侣沟通：当你刚得知你的孩子被诊断为自闭症患者时，你必须记得常常与你的另一伴沟通，一起讨论未来可能会发生的事，一起准备预防任何可能会发生的问题，这样你们才能够一起度过任何将来会发生的事。尤其留意未来有可能会伤害你、婚姻、以及家庭的事，你们应该公开讨论身为家长的你们该如何在发生问题时互相支持对方。除此之外，你们也可以考虑与专业家庭辅导人员安排面试、时常去找教会里的牧师、计划能够放松心情的活动等等能够帮助你们婚姻的事物。你必须了解自闭症儿童一定会造成家庭以及婚姻上的困难。

四、常常写日记：我常常强调利用日记记录孩子的成长是一件非常重要的事，应该记录的事项包括决定让孩子去接受辅导的过程、孩子的健康历史、孩子愿意（或不愿意）与其它儿童、兄弟姐妹、以及家人互动的时候、或任何你认为值得注意的行为（像是目光不集中、自我伤害、对声音有极度反应等）。任何你所写下的笔记将能够在未来需要时帮助你，如果你照我的话去做，你将会非常惊讶你将来会多常跑去日记寻找某年某日孩子学会某样东西的纪录。

五、学会有效利用孩子的个别化教育计划：孩子的个别化教育计划应该可以纳入第二个建议当中，但是我认为这个计划非常重要，因此我决定将他设为独自的项目。想象一名老师，每天他都会有一个他必须采用的课程表，每个科目也有独特的课程计划，你可以把孩子的个别化教育计划想成家长的课程计划，为了达到目的，父母们必须按照计划执行。现在想想一名代班教师，如果原班老师没有留任何课程计划，在代班老师礼拜一早上踏入教室之后，他必须花将近三十分钟准备接下来一天的课程计划。由于老师并不了解当日该上的科目以及课程，这个过程对老师以及学生来说都十分麻烦，但是如果原班老师有留一个课程计划，代班老师就能够轻松地依照计划进行。你必须切记，孩子的个别化教育计划是他未来的关键，这个计划能够打开许多扇门，如果你没有好好利用这个计划，你的孩子可能会错过许多能够帮助他的机会。

六、常常关注孩子的教育：这个项目的意思是去和孩子班上所有的老师建立关系，他们需要知道你的期待，你也需要知道他们的安排。虽然有时候你和老师可能会有些沟通上的问题，但是我建议你不管如何都要尊重老师，与老师产生纠纷只会造成不必要的麻烦。如果你常常造成问题，老师们之间有可能会济助你的名子，当你在未来试着找寻其它帮助孩子的教育机会时，其它听说过你的名字的老师可能会因此与你保持距离。表达你的情绪与思想并不代表你一定要攻击孩子的老师，除此之外，请不要拿孩子以前的老师与现任的老师比较，给那名老师一个表现的机会吧！

七、为未来做法律上的安排：你必须记得为孩子的未来做法律上的安排是一件非常重要的事，这其中包括安排孩子未来的住所以及计划孩子晚年的经济支柱等等安排。我必须再度强调，我们永远不知道明天会发生什么事，我们必须未雨绸缪！

八、创造一个能够协助你的朋友系统：将乐观的人纳入自己的朋友群当中，这些人将能钩帮助你度过接下来生活当中的低潮。这些人并不只限于家人，他们可以是长期亲近的朋友、你在其它自闭症后援会认识的新朋友、教会的领导人、你在上课时认识的朋友、或甚至你附近杂货店的老板。

这世界上最棒的感觉就是当你需要一个拥抱时，随时随地都有人能够给你一个拥抱。

九、专注于孩子的利益：为了应付今天、明天、或甚至明年所带来的挑战，你应该做最能够帮助孩子的选择。有些决定十分痛苦，像是将你的孩子安置于一个团体家庭，但是你必须不断地提醒自己，这一切都是为了他好。这个原则也能够应用于各式各样不同的突发状况，像是孩子在百货公司里大哭大闹、孩子在餐厅里不停地大叫、或甚至孩子做出他不认为是不雅的行为（想是第九章的拉里）。我希望你永远不会遇到这种事，但是如果你有遭遇到，如果你能够冷静地会想到这个建议，我相信你一定更能够有自信地做出正确的选择。

十、爱护自己：记得体贴你的另一伴，照顾你的家庭，最重要的是：不管如何：你必须记得好好地爱护自己！

关于作者

杰克．乔治（Jack E. George）是在世界牛仔竞技胜地··加州奥客岱尔（Oakdale, CA）出生的。他在很小的时候便与父母搬到莫德斯托（Modesto, California）去住，他的童年与出社会后许多年都是在这个城镇里生活。他从加州州立大学 史坦尼斯劳斯 （California State University, Stanislaus）取得他的社会学学士，毕业后他当了几年的国小老师，之后他在史坦尼斯劳斯开镇里第一所家教中心。几年后，他在附近创立了一所专门收幼儿园到八年级学生的私立学校，他大部分的职业生涯都与教育有关。杰克在工作一段时间之后进入贝尔蒙市（Belmont, CA）的圣母院书院．那慕尔（Notre Dame de Namur）进修，他在那所学校得到他的硕士学位以及他的特殊教育教师执照。

如今，杰克的职业重心都放在特殊教育上，他特别专注于辅导自闭症儿童。他曾经接受过北卡罗来纳州的 TEACCH （Treatment and Education of Autistic and Related Communication Handicapped

Children）训练，他也有学会应用行为分析（Applied Behavior Analysis）和图片交换沟通系统（Picture Exchange Communication）。目前他正在写他的下一本书：《成人自闭症手册》，除此之外，他也有为墨西哥下加利福尼亚州当地的报纸写文章。他目前正在试着创造一个专门帮助特殊需求孩童的非营利组织，他也有开创一所语言学校：金苹果教育中心。

杰克．乔治是一名经验丰富的教师以及特殊教育顾问，如果您想要邀请到您的学校演讲或帮助您的家庭，您可以利用他的电子信箱「jackedward650@aol.com」与他连络。如果你想要得到更多信息，请到他的网站「www.jackegeorge.com」参观。

www.ingramcontent.com/pod-product-compliance
Lightning Source LLC
Chambersburg PA
CBHW080841270326
41927CB00013B/3059
9781927360163